种草

INSPIRE LIVES

小红书营销实验室　于冬琪　著

浙江文艺出版社

果麦文化 出品

特别感谢

菲利普·科特勒教授和曹虎博士
为本书提供的理论支持

我们正在进入一个新的营销时代，这个时代比以往任何时候都更加复杂和充满活力。

如今，消费者获取信息的途径、购买渠道和需求都变得高度多样化。他们不再是被动的消费者，而是成为品牌价值的积极创造者。在这种情况下，品牌必须使用人对人的方法，设计更人性化、更感性、更情景化的营销策略。通过满足消费者的需求，品牌可以成长，并与消费者共同创造长期价值。

H2H营销（Human to Human，人本营销）包含三个关键方面：以人为本的设计思维模式、共同创造价值的服务逻辑、多样性和联通性的数字化。品牌需要拥抱以人为本的方法，赋予消费者选择的自由。品牌应该深入了解顾客的需求，缩小产品和顾客之间的差距，并持续优化营销策略。

我很赞赏小红书平权主义的流量分配逻辑和去中心化的推荐机制。这种机制确保了好内容不会流失。即使一个产品是小众的或新兴的，它仍然可以找到它的用户，为品牌创造机会。

——菲利普·科特勒，《营销的第三种范式》

Contents
目录

序言　　　　　　　　　　　　　　　　　　　　　　　　　1

种草，以人为本的最佳营销实践　　　　　　　　　　　　　1
关于消费最重要的一场叙事　　　　　　　　　　　　　　　3
为什么想写《种草》？　　　　　　　　　　　　　　　　　6
《种草》的诞生过程——努力做一本"有用"的书　　　　　9

CHAPTER 1

重新理解种草　　　　　　　　　　　　　　　　　001

引言 "种草"的前世今生　　　　　　　　　　　　　　　　003
01　种草的真正含义：真诚地帮助人，为向往的生活找到解决方案　　007
02　逆势增长的秘诀：回归"以人为本"　　　　　　　　　010
　　商品回归"人"：理解人们要解决的真问题和真问题背后的生活向往　　010

i

营销回归"人"：深度共情，真诚互助	013
服务回归"人"：直面问题，从用户反馈中找到优化服务体验的最短路径	015
战略围绕"人"：少走弯路，提高决策成功率	018
03 种草背后，不可逆的趋势正在发生	020
趋势一：消费者的觉醒	020
趋势二：从大共识到小共识	024
趋势三：普通人被看见	025
趋势背后的本质：消费者与企业的关系走向平等	029

CHAPTER 2

种草的底层心法　　033

引言　看见每个人向往的生活	035
01　让激发态成为行动的信号	039
02　捕捉：找到消费趋势的起点	044
现象级爆品，发源于现象级趋势	046
关注超级用户——向往的生活的先行者	049
关注无观测状态下，实时的、规模化的捕捉	051
保持敏锐，让捕捉成为日常动作	053
03　理解：拆解激发态背后的根因	055
人口学标签的失效	057
还原生活方式，从理解现状到理解向往	060
不断预测、不断验证，直到用户在想象中活起来	069
跳出行业惯性，在生活方式中找到隐性需求	070

04	放大：大范围的复现，实现激发态的传递	074
	"正漏斗"与"反漏斗"	075
	极致的效率，来源于极致的匹配和持续放大最优解	082
05	激发：找到参与动机，借助用户的力量形成自传播	088
	人们的参与动机	090
	C2B、C2C 生态的无限性	094

CHAPTER 3

让种草在企业内发生　　　097

引言	种草对企业管理提出了新要求	099
	传统的团队与管理模式，形成了种草的阻力	101
	想种草成功，要从效率管理变为体验管理	103
01	建成体验管理循环，让正反馈持续发生	105
	传统效率管理循环的特点	108
	企业需要建立体验管理循环	110
02	选对人，找到传递体验的神经元	115
	感受力和共情力：理解用户的基础	115
	超级员工："文理兼修"	119
	建立由意义感与使命感驱动的团队	120
03	打破部门墙，让体验驱动协同	126
	种草需要怎样的组织架构和协同关系？	128
	如何让用户的体验要求驱动协同？	130
	让营销部门成为"One Team"	134

		让专门的团队为服务好某个人群负责	137
	04	算对账：不只看一次成交，也要看长期价值	138
		算对账，需要解决两个难题	141
		算对经营账：既要看清效率价值，又要看清体验价值	147
		算对产品账：不只算销售利润，还要算用户价值	150
		算对营销账：不只算流量转化，还要关注用户决策的整体过程	152
		阶段总结：一个能持续种草成功的组织长什么样？	157
	05	打破惯性，推动组织变革	159
		找到"推动者"，让变革发生	159
		点燃"非理性"的火焰	162
		推动种草的七个步骤	165
		案例：一个推动者，引领阿芙精油走上转型之路	168

CHAPTER 4

那些种草型企业的完整面貌　　175

引言	探寻种草型企业	177
01	Babycare：持续孕育爆品的种草型组织	179
	驱动 Babycare 的两个洞察	180
	做了大量的"赔钱"动作，反而实现了健康的利润	182
	建成以用户为中心的组织	185
02	方仔照相馆：技术结合体验的新品类开创者	194
	用算法，支持个性化的用户体验	197
	靠团队，解决卖货的难题	202

03	羊织道：为"像自己"的她们创立的品牌	209
	对优势动作的不断重复	215
	做一件事要做明白	217
04	亚朵星球：靠爆款突破老行业的新玩家	223
	做睡眠，而非做家纺床品	224
	重新理解睡眠	226
	向更成熟的行业学习，建立流程	230
	"高参与，低认知"行业的营销难题	235
	与用户的"感受"直接对话	236

附录

种草常见问题与解答　　243

选择和预期	243
产品开发	251
营销	257
管理	266

写在最后　　271

感谢种草路上的同行者	271

序言

种草，以人为本的最佳营销实践

曹虎
科特勒咨询集团全球合伙人 | 中国及新加坡区域 CEO

在营销领域，我们正在见证一场深刻的变革：消费者作为"人"的觉醒。

曾经，人们的身份似乎由他们所选择的品牌和产品来定义。使用什么样的品牌，拥有什么样的产品，这些外在的标志成了身份的象征。

现在，消费者更加关注自我，他们不再被品牌的表面价值所束缚，而是开始寻求与自己情感和价值观相契合的产品。

在这个背景下，消费者主动寻找能够体现自己生活方式的商品，他们不再满足于被动接受市场的供给，而是渴望通过商品来表达自我，追求个性化和意义性，商品成了消费者追求美好生活的载体。这标志着消费者正在从追求更好的自己，转变为更好地成为自己。

种草正是一种帮助消费者构建自我的方式。它激发了消费者对美好生活的向往，并为他们指明了实现这一目标的解决方案。通过种草，消费者能够找到与自己的生活方式相契合的产品，这些产品不仅满足了他们的基本需求，更成为他们个性和价值观的延伸。

这场变革将我们引向了菲利普·科特勒教授所提倡的"以人为本"的营销理念。科特勒教授强调，营销的本质在于创造和维护与消费者有价值的关系，企业应该回归消费者视角，提供真正有价值的产品和服务。种草是科特勒"以人为本"理念在中国市场的最佳实践，为我们找到了对消费者更有益、更可持续的健康商业模型。

在新质生产力高度发展的当下，激烈的市场竞争导致了市场的急剧内卷。我们似乎已经很难再找到那些遍地黄金的空白市场。然而，只要我们深入挖掘消费者的细分需求，就会发现商业机会无处不在，就像海滩上的贝壳一样，永远拾之不尽。

我特别推荐这本书给所有营销人——无论你是企业的决策者、营销的从业者，还是对营销感兴趣的学生或其他读者，都能从这本书中获得宝贵的洞见。因为，归根结底，营销是一门关于人的学问。只要你有过消费体验，就能理解种草的力量，感受以人为本营销的魅力。

2024 年 10 月

序言

关于消费最重要的一场叙事

香帅

经济学家

今年年初，跟小红书团队有过一次关于种草的头脑风暴，当时他们问道：从经济学家的视角，你们会怎么理解种草？

我和立岩（多伦多大学罗特曼商学院金融学教授）几乎是同时产生了同一个想法："**种草是一种创造新需求的过程。**"

在宏观经济学的视角下，很多问题都可以用"供需"来解释，比如我们常说经济下行的背后是需求不足。因为需求不足，就意味着机会不足；机会不足，市场更卷，企业利润就更低；企业利润更低，员工收入更上不去，需求更不足。而反过来，如果需求增加了，企业就有更多的机会创造利润，相应的工作机会和员工待遇也会随之上升；大家兜里有钱了，消费力也就上来了，整个经济开始进入一个正向循环。

所以，创造需求是一件举足轻重的事情。

那么，为什么我们俩会不约而同地觉得，种草是一种创造新需求的过程呢？

因为种草，是在激发消费的欲望。

今年我多次讲过一个身边的案例：

一位 60 岁的退休女老师订了个酒店套餐，套餐送了免费的"旅拍服务"。

她去试了，化妆、拍照、精修，当然，最后是发美照到朋友圈等着点赞和评论。

一套组合拳打下来，这位大姐彻底沦陷了，还给自己身边的一群老姐妹成功"种草"，之后老姐妹们组团出去玩几乎次次都旅拍。

这个大姐之前绝对不知道什么叫"旅拍"，更不会想到自己有旅拍的需求。但她有什么需求？**爱美，自我认同，获得关注。**

所以商家就做了一件事情：找到具象场景，把这个抽象需求激发出来，然后落地成消费。

很多人和这个女老师一样，在被种草前，从没想过自己需要在办公桌上摆一个加湿器，好让长时间处于空调房里的皮肤保持滋润；没有想过要买一台漂亮的公路车，直到被种草了一个新的生活方式——骑行；不知道原来还有一种吃了能让宠物毛发更柔顺的"美毛猫粮"……

在被种草前，这些潜在需求没有转化成消费欲望，而被种草后，人们才意识到："我原来需要它！"

在小红书里，诸如此类的场景每时每刻都在发生。人们的潜在需求被其他人的分享激发着，从不知道到知道，从无意识到有意识，每一次当他们心底的向往被一个又一个真实的生活场景具象化时，背后涌现出的不断细分和新增的需求，都是万千企业的机会所在。

这是我看到的，种草的巨大价值。

除了创造需求，**种草的另一个重要价值，是信任关系的构建。**

从年初到现在，在调研了一些企业后，我们发现商业越来越回归到构建长期信任关系。

说到底，交易的本质就是信任，但不同时代，构建信任的方式不同：农业社会物物交换，信任通过邻里街坊口碑相传构建；到了工业时代大规模生产和销售，口碑相传的效率太低，所以品牌开始通过铺天盖地的广告宣传来提高认知度，从而构建信任。

数字时代，像小红书这样的线上社区，则是一个庞大的"街坊邻里"群体，人们更精准地以某些共性被联系在一起。而社区里的种草，也就是用现代化的技术和手段，将人与人的连接以更丰富和不受限的方式建立，回到了最古老但也最根本的信任构建方式。

2014年，新世相创始人张伟写了一句令人心旌摇荡的流行语："我们终将改变潮水的方向。"

创造新需求、构建信任关系，"种草"也许是这个时代关于消费最重要的一场叙事。

金谷年年，乱生春色谁为主？

我期待，在种草经济的未来，我们也终将改变潮水的方向。

2024年10月

序言

为什么想写《种草》？

小红书营销实验室

想让更多好产品出现；
想让好的产品和服务体验被人看见；
想让用心做出好产品和好服务的企业赚到钱；
想让人们的生活因商业变得更美好而不是更浮躁。
是写这本书的初衷。

这样宏大的命题，当然不是仅靠写一本书就能实现的，不过，由小红书营销实验室和于冬琪组成的"种草研究项目组"在启动研究时，是带着这样的心愿，去找那些最贴近我们心中"理想的种草实践者"的。

令人开心的是，我们找到了不少这样的实践者，在过去大半年对他们密集的深度访问、案例研究和信息萃取中，我们捕捉到了一些让人眼睛发光、心发烫的信号。

具体来说有这么几个：

1. 以人为本的长期红利

那些不只把"以人为本"作为口号，而是在需求捕捉、产品研发、营销沟通、体验优化、组织设计等经营的每个环节和细节里，真正把这个理念落到实处的企业，此刻正在享受红利。他们在每一次的关键取舍中，选择回到"人"去解决问题的做法，为自己带来了长期复利，构筑了护城河。

2. "向往的生活"正在加速实现

以前，提到"向往的生活"，很多人心中浮现的画面或是模糊的，或是模板化的，或是觉得富有就是好的。通过平台的分发，更多普通人被看见，普通人的生活经验被放大，"向往的生活"在生活的各个场景中被具象化。人们正在通过"做功课"的方式找到具体的通往"向往的生活"的方法，加速实现属于自己的理想生活。

3. 竞争走向平权

企业之间的竞争变得更加平权。在种草的环境下，总有新的需求被激发，总有新的机会被更敏捷和对需求理解得更深刻的企业捕捉到，总有人们喜欢的产品和服务被挖掘出来，被更多人看见，过去中心化媒体之下"预算为王、渠道为王"的时代即将翻页，竞争正在走向平权，这意味着新品牌、新产品有更多的机会成功。

4. 新的经营方法在中国诞生

过去，我们关于营销和管理的知识体系更多来自对海外成熟商业市场的研究。但这一次，发生在中国的，在用户研究、营销、组织管理上的实践，以极快的迭代速度探索出了新的可能性，中国作为移动互联网时代下的领跑者，可能也将成为新经营方法的领跑者。

这几个信号看似在讲述不同的事情，实则内在有着极强的关联，并互为因果，在《种草》的正文中，我们将会对此做出详细的阐释。相信当你随着我们的讲述，逐步厘清这些信号的成因和内在联系，看到它们被不同行业、规模各异的企业一次又一次地验证时，会跟我们一样，对开篇提到的那一系列"宏大命题"终将被实现的信念感将越来越强。

我们尽可能完整地还原了在种草过程中，企业获得助力、用户生活得更好、企业员工在服务好用户后收获了成就感的真实案例，也尽可能地通过理解亲历者每一次关键行动背后的驱动和思考，找到多样而复杂的做法背后简单而共通的原理。希望他们的故事能启发更多企业一起走入种草带来的正循环，也期待《种草》这本书中所呈现的做法能成为星星之火，吸引同路者们一起加入，照亮那个我们期待的"每个参与者都会因此变得更好"的商业未来。

最后，要特别感谢本书的共同创作者——于冬琪。作为一个积累了超过1000个案头研究、单一企业研究时间超过400小时的商业世界的观察者，他们的加入对本书观点的形成和三方视角的补充非常重要，有了他们的帮助，我们也才在很早期就意识到：

种草不只是一个营销命题，它还是一个系统性的经营命题。

企业需要建立一个种草型组织，才能持续地种草成功，而不是偶发的成功。

也要特别感谢每一位接受过我们访问，将成功的、失败的经验或教训，以及背后的思考都讲给我们听的受访者，感谢你们，让这本书更加真实和完整。

2024 年 10 月

序言

《种草》的诞生过程
——努力做一本"有用"的书

于冬琪

收到小红书的邀请,与小红书营销实验室共同创作本书,是在 2024 年 1 月。

在 3 月份项目启动时,我们就对本书的主要目标达成了共识:我和小红书,都希望它是一本"有用"的书。

小红书看到有很多企业通过种草的方式实现了成功,在快速增长、成长为行业头部的同时,不少企业还始终保持着健康的利润。虽然很多人会将"种草"与"小红书"牢固地联系起来,但这些企业的成功,并不仅仅局限于小红书。

我们希望不仅展现这些企业成功的现象、现象背后的趋势,更希望找到决定成功与否的关键要素,以及这些企业都做出了怎样的行动,使他们得以具备这些要素。

对这些行动的总结与呈现,会使读者有机会复制他们的成功。

为此,小红书提供了大量的研究资源。

在研究的过程中,我走访了几十位小红书的同事和几家服务了大量品牌的优秀服务商，他们服务着不同的行业，对于"如何种草成功"有各自的总结。

小红书营销实验室也借助小红书的内部数据，选定了值得深入了解的几十个标杆企业——同时考虑了生意指标、用户口碑、成功速度等多个因素，在几个月的时间里，我和营销实验室的同事一起走进这些标杆企业，与创始人、员工深入沟通，还原他们的成功过程。

这些深度走访的企业和小红书累积的大量案例，共同构成了本书的案例来源。

对成功企业共性的提取和对小红书同事、服务商的经验梳理，是本书方法论的来源。

在调研的前半段，我主要的工作是"发现"，我会同时关注每个企业遇到的问题，这些问题就是本书要满足的读者"需求"；之后，我再带着这些问题，还原成功者的做法，并从他们的做法中找到共性的答案。

在调研的后半段，再与企业交流时，我的工作更偏向于"验证"——与前半段发现的逻辑对号入座，并修补漏洞。

在这个阶段，我也会与一些我在服务的企业、遇到过相关问题的企业家朋友交流，讲述发现的方法，观察他们能否理解、是否知道如何行动，尝试找到更好的表达方式。

书籍也是一种产品，随着我对种草的理解不断深入，我也渐渐意识到在研究和创作时，我无意中应用的，其实也是本书所述的种草的工作方法：我们一直在寻找、实现和验证那些能激发用户的要素，而每一个步骤都是在与用户密切的沟通中，借助用户的帮助完成的。

是的，种草的工作方法，不仅仅适用于消费品行业。在验证本书方法时，我强烈地感知到，它对内容行业、服务业等各个行业，都有实用价值。

到10月定稿，本书的研究和创作虽然只持续了7个月的时间，但早在本书启动之前，我已经在自己创业的过程中，和对一些不同企业的研究中，建立了企业管理的基本框架。

小红书在过去几年的实践中，早已沉淀了大量的资料和案例。对本书方法的认知，一直默默潜藏在小红书同事的头脑中，也静静流淌在种草成功的企业中。

只不过，他们长时间浸泡在种草的环境中，有很多认识和做法，他们早已习以为常。但对于第一次如此密集接触种草的我，写作这本书是一个刷新认知的过程，我更深刻地感知到这些做法的独特性与价值。

这个过程有趣在，我和小红书的同事常常在彼此"激发"。

激发我的点是发现的喜悦。那些成功者做法背后的共性，远比我想象中的更鲜明。

激发小红书同事们的则是不断意识到此前直觉、经验的做法，是符合很多基本商业规律的，并为这些做法找到了更准确的表达。

让我印象深刻的一个瞬间是，在调研过程中，小红书的 CMO（首席营销官）之恒过问进度时，没有问大纲、思路、访谈量等常见的指标，最先问的问题反而是："作者有没有被激发？"——在本书中，你会注意到"激发"是一个频繁出现的关键词，也是种草方法论的核心。

在访谈记录中，也会看到种草的核心心法：捕捉、理解、放大、激发。这几个词被不同的人在各种场合分别提及。只是在此前，没有人将它们放在一起，总结出它们之间天然存在的顺序和逻辑关系。

这是个共同发现和整理的过程，因此，在本书中，你会看到叙述的主体主要是"我们"。这里的"我们"，既代表早已累积了大量案例、沉淀了很多方法论的小红书营销实验室，也代表了作为独立观察者、方法论萃取者的我，以及协助我完成工作的团队。

本书的写作，也由我们这个项目组共同完成。

为了让它成为一本"有用"的书，我们将本书分为四个章节：

第一章，我们会讲解种草背后的趋势，以及把握这个趋势对企业的价值。

第二章，呈现种草成功的企业，在做产品、营销等业务工作时的关键共性——他们总是能基于未来的趋势做工作，而非仅仅成为趋势的跟随者。这背后，是一个对趋势信号的捕捉问题。我们将这些企业的关键做法，抽象成了四个步骤：捕捉、理解、放大、激发。它们构成了一个自我增强的正循环，成为驱动这些企业发展越来越快的业务方法。在这一章，你会看到对这几步做法的具体讲解。不过，对于企业，要将做法付诸行动，除了理解做法之外，还需要对管理做出相应调整，让团队能做出需要的行为。

第三章，我们会讲要让做法在团队内落地所需要的管理动作。这些种草成功的企业，在人才选择、协同方式、算账和评价上，都有与其他企业显著不同的做法。这几个管理选择，也组成了驱动团队越来越关注用户的正循环。"业务正循环"与"管理正循环"，两个循环同时运转，会造就一个能够持续种草成功的企业。

第二章和第三章所呈现的，是一个个动作和要素，对于希望将种草落地的读者，可能还需要知道如何将这些要素组合成企业的整体行为。

因此，在第四章，我们选择了四个有代表性的企业，呈现与种草相关的全貌，希望能为读者建立起种草的整体性概念，使之成为落地时的参照。

感谢在这个过程中，每一个对我们开放的企业和每一位对我们分享经验和认知的小伙伴。

我们希望，这本书可以让更多的人理解种草，帮助服务新一代消费者的品牌更快诞生。

2024 年 10 月

CHAPTER 1

重新理解种草

种草是真诚地帮助人，
为向往的生活找到解决方案。

引言
"种草"的前世今生

"种草"这个词被赋予新的意义,最早是在 2010 年左右。网民们开始用"长草"来比喻对某个商品产生了强烈的渴望,想买的心情如同野草般"烧不尽,吹又生"的心理状态。相应地,"被种草"用来描述当看到其他人分享的好东西后,自己也产生了强烈的购买欲望、心里"长草"的过程。

"种草"开始大范围流行,大概在 2014 年,从"过来人"的视角回看当年,我们发现是多重条件的叠加让种草的流行成为必然。

首先是在移动互联网的大势下,电商进一步蓬勃发展。品牌商们摆脱了线下零售对坪效的要求,商品种类得以快速增加;消费者们的购物选择也不再受限于物理距离,全国各地甚至海外的商品都可尽囊中。当时在淘宝,仅仅连衣裙一个品类,就有十几万种商品可供挑选。

电商的快速普及和丰富的供给为人们打开了消费新世界的大门,目不暇接的商品选择持续地刺激着人们的购物欲和好奇心,也为人们带来了新的话题——关于购物经验的分享和交流。

面对更多样的购物选择，人们对于"筛选好物"和"消除信息差"的需求也越发强烈，而这个时期高速发展的社交媒体，为好物分享类内容的生长提供了条件——如今被称作"种草阵地"的小红书，就是在这样的时代环境下成长起来的。作为一个内容分享社区，小红书的早期用户是一群最早接触电商和海淘，有着高教育水平和高消费力的群体，他们不吝啬地在小红书上分享自己买到的新品、事无巨细地写下购物攻略、认真地对比不同产品之间的差异，一边从其他人的经验中被种草，一边感受着为别人种草的快乐，成为最早的KOL（意见领袖）。

2014 年，小红书上的好物种草笔记

"种草"就这样流行起来了。

相比大多昙花一现的网红热词，**"我被种草了"**的说法穿越了时间周期，成了固定用语。如今，很难再找到另一个词，能比"种草"更精准和简洁地描

004

述出那种购物欲被点燃的感受。

企业们大范围意识到种草的价值,则要到 2017 年之后。

在人们开始跟随 KOL 的分享、做出购买决策时,以完美日记、王饱饱为代表的一众新消费品牌,以及 Swisse[1] 这样嗅觉敏锐的成熟品牌,率先意识到了消费者决策方式的变化——比起那些"不讲人话"、高级辞藻堆积的广告语,KOL 们的表达更口语化,他们带着真实问题,在真实场景下的使用感受和体验分享,以及更具体的产品使用攻略,都更容易给消费者种草。

于是,完美日记等企业抓住了这个机会,在小红书、微博上和大量 KOL 合作种草内容,以更贴近真实用户语言的产品呈现方式和远高于其他品牌的内容覆盖率,创造了令人惊讶的销售成绩。

一些品牌抓住了种草的第一批"红利"

1　本书中涉及多个英文专名,由于暂时缺少通用译名,为方便读者对应理解,保留英文。

这一波新消费品牌在营销上的亮眼表现引发了资本市场对于新消费的投资热潮。品牌们的广告预算推动了 KOL 生态的快速发展。KOL 背后的 MCN 机构（与内容创作者合作或直接生产内容的运营机构或组织）的数量从 2015 年的 160 家增长至 2017 年的 1000 多家。此时，更多的商家开始将目光投向了种草，纷纷涌入，期待这个商业世界中的新"灵丹妙药"可以让自己成为下一个"完美日记"。

完美日记	2019年（品牌成立第3年）"双十一"天猫彩妆No.1 成为首个登顶天猫彩妆的国货品牌
Swisse	2018年天猫"双十一"保健行业No.1
王饱饱	2019年天猫"双十一"冲调品No.1

热门种草品牌在当年"双十一"都表现不俗

自此，"种草"从用户之间的自发分享变成了一种营销方法。网上曾流传着一个种草的成功公式：5000 篇小红书种草笔记 + 2000 条知乎问答 = 一个新品牌。大量品牌在短时间内快速入局种草，让种草成了资本投入、投放能力和流量追逐的比拼。

然而几年过去，曾经的成功公式早已不再有效。我们在与很多企业交流时发现，对笔记数量和大曝光的迷恋成为它们走过的弯路和需要扭转的关键误区。

不过，虽然"简单粗暴"的成功公式失效了，种草的热度却未有半点衰减，时至今日，在各种营销类的文章中和企业家们相互交流的场合里，"种草"仍然是一个极高频出现的词。只不过，今天的种草，与 2017 年时火热的种草并不相同。

01
种草的真正含义：
真诚地帮助人，为向往的
生活找到解决方案

时间来到 2024 年，当我们就种草这个话题与很多企业家、消费品行业从业者深入交流后，我们感知到了截然不同的两面：

一面是很多企业处境的艰难。曾经，他们用铺笔记、铺达人的方式抓住了短期的风口，收获了社交媒体高速增长下的第一波红利。可惜好景不长，固化的、"简单粗暴"的投放在迅速失效，使得企业不得不"原地掉头"。

更难受的是，企业面临着供给过剩和消费下行的双重压力，普遍的状态是：毛利越来越低，获客成本越来越高，产品同质化也越来越严重。大家都在卷，也觉得这个卷的状态很难受。

要么，是有流量而没销量——内容趋于同质化，消费者对各式各样的硬广和软广感到麻木，已经很难再让消费者真正感觉到被触动，也就更难带来生意的转化。

要么，是有销量而没利润——产品也在趋于同质化，没有了差异化价值的产品就不可能守住过去的价格，只能陷入流量竞争和折扣竞争的旋涡。

要么，甚至连流量都找不到。有的企业之前靠着不断追逐流量风口，从天猫到抖音，不断提高流量运营效率获得了成功。但是到今天，放眼望去，新的流量风口越来越少，几乎所有的流量都在越来越饱和的竞争下逐渐失去了性价比。

而另一面是，在这么艰难的局面下，仍有一些企业实现了穿越周期的持续增长。只用短短几年时间，就超越了原本看起来地位不可撼动的行业领袖，取得了逆势成功：

2009年成立的珀莱雅，抓住"早C晚A"的护肤趋势推出了精华组合——白天用双抗精华抗氧化，晚上用主打A醇成分的红宝石精华抗老化。两支精华搭配使用效果明显，用户们自发成为珀莱雅的民间种草官，帮助珀莱雅超越一众国际品牌，成为2023年天猫、抖音"双十一"美妆第一品牌。

2014年成立的母婴品牌Babycare，靠着众多爆品赢得了大量妈妈的拥护，成了很多妈妈不断复购的"默认选择"。借助用户的口碑传播，哪怕在疫情和出生率下降的双重夹击下，Babycare的销量也一直在不断增长。只用不到10年的时间，就在曾经被国际大牌占领的母婴赛道，在多个品类成为天猫、京东、抖音等多个渠道的销量第一。

2015年成立的口腔护理品牌usmile笑容加（简称"笑容加"），靠着罗马柱声波电动牙刷、儿童数字牙刷等爆款产品，以比常规电动牙刷更高的颜值、更实用的刷牙进度提示等功能，受到了用户的喜欢。2023年，笑容加在电动牙刷行业做到了线上市场份额第一。（数据来源：沙利文报告）

2021年开始进入大众视野的亚朵星球，是亚朵集团旗下的零售品牌。在高度分散的床品市场上，亚朵星球只用了短短3年，就实现了深睡枕PRO、夏凉被等单款产品过亿的销售额，成为天猫、京东、抖音等多个渠道相应品类销量第一的单品。这让亚朵星球以极快的速度成长为床品行业中不可忽视的品牌，并成为"深睡"市场的心智占领者。

能否穿越周期持续增长的关键点在于，不能仅仅复制种草的"打法"，而是要洞悉种草的"心法"。

为什么曾经 5000 篇小红书笔记 + 2000 条知乎问答就能成功种草？因为这 5000 篇笔记"饰演"了人人叫好的真实口碑，消费者因口碑产生信任；2000 条 KOL 问答"饰演"了更懂生活的人提出的可靠建议，消费者因 KOL 的平实表达和具象化呈现而产生了向往。然而这种"饰演"的方式并不能持久，聪明的消费者们很快就习得了辨别的方法，可以辨别出谁是在真诚地种草，谁是虚假繁荣，一旦识破，这个方法就不再奏效。在 2017 年左右的种草中，铺笔记是打法，它随着内容供需、趋势变化等因素而快速迭代，旧打法快速淘汰，新打法层出不穷；**信任和向往则是这"心法"**，它们是每个人在做决策时的底层驱动。

时至今日，当我们与成功企业家们探讨种草时，"信任"和"向往"仍然是最高频出现的两个词。这不禁启发了我们更深层地挖掘种草的真正含义：在以往绝大多数时候，我们对营销的讨论都站在企业的立场上，我们关注企业的定位、理念、流量、效率、利润，但这些要素都无法让一个人真正被触动，而种草恰恰是让人受触动。

回到"种草"诞生之初，这个词是用来形容人们分享自己使用好东西的体验，让别人也产生强烈的拥有欲望的过程。我们不禁发现，人和人之间的种草和企业对人的种草，本质上是一样的，背后都是一颗真诚的、利他的、想要帮助其他人实现向往生活之心。所以种草从一开始就不是服务于企业利益的营销手段，**种草是真诚地帮助人，为向往的生活找到解决方案。**

02
逆势增长的秘诀：
回归"以人为本"

掌握种草心法，本质上是从企业视角切换到以人为本的用户视角。这是所有在种草上走过弯路，但最终迎来成功的企业不约而同的答案。

回归用户视角彻底改变了这些企业的行为方式，他们开始真正关注人们想解决的问题，思考自己的企业究竟想要帮助怎样的一群人，去实现什么样的生活。带着这个视角回到商品、营销、服务、战略制定等企业经营的每个环节中，才能让企业真正拥有新的生命力。

商品回归"人"：理解人们要解决的真问题和真问题背后的生活向往

在商品这个要素上，我们看到逆势成功的企业总是能持续领先竞争对手，做出种草力强的**爆款产品**。

比如 2024 年刚刚上市的笑容加儿童智能电动牙刷 Q20，上市第二天就冲上了天猫、抖音电动牙刷品类的销量榜首。（数据来源：天猫生意参谋，2024 年 5 月；抖音电商罗盘，2024 年 5 月）

Q20 的研发周期远比一般的电动牙刷要长。常规做电动牙刷的产品创新，通常是在现有电动牙刷功能的基础上找到一两个改进点，比如刷头形状更适配口腔空间、振动模式更丰富等。

而笑容加设计电动牙刷的起点却不是功能。在设计之前，笑容加的团队走访了很多儿童口腔医院，实际去了解小朋友们遇到了什么样的口腔问题，一个一个让小朋友演示日常是如何刷牙的。在大量观察后，他们意识到了一个问题：小朋友长蛀牙其实不怪刷牙，主要是刷牙习惯有问题——很多小朋友不爱刷牙，且没有耐心按照建议刷足 3 分钟；也有很多小朋友，并没有被父母教会如何科学刷牙。

笑容加设计的出发点就从如何改进电动牙刷，变成了如何让小朋友爱上刷牙、让爸爸妈妈在刷牙问题上更省心。于是，很多本来不会在电动牙刷上出现的功能和设计出现在了笑容加的儿童智能电动牙刷上。

先要让小朋友看到就喜欢。笑容加首先改变了电动牙刷的外观，选择了更鲜艳的马卡龙配色、更有趣的宇航员的造型。而且还附赠了卡通贴纸，让小朋友能够按照自己的喜好贴在牙刷上。

接下来，加入辅助家长教会孩子正确刷牙的程序，并鼓励他们刷足 3 分钟。为此，笑容加在牙刷上增加了重力感应模块，能监测每个角度的刷牙情况，并设计了一个环形灯，从红色渐次变为白色来提示刷牙的进度。同时，加入了语音提示，会发出"这里刷完啦，该去刷下一个地方啦""做得真棒"等鼓励和称赞小朋友的语音。

同时，Q20 还解决了很多小朋友对电动牙刷感受不好的问题：传统的电动牙刷，外壳很硬，振动很大（打到牙齿上会疼），声音也更吓人，这让很多小

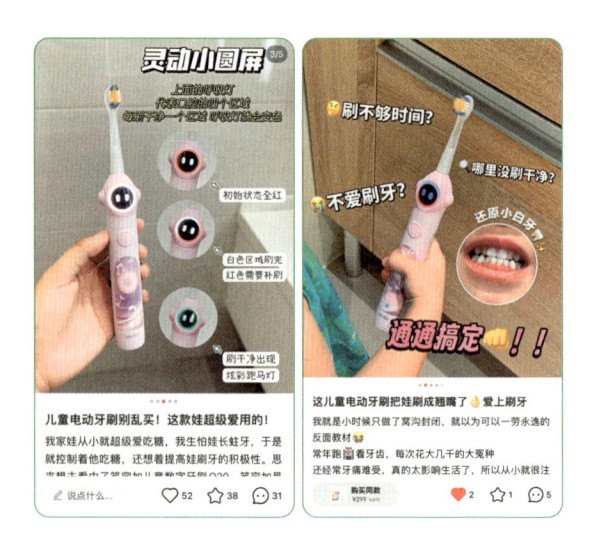

最让家长种草的，正是
Q20 细节中的交互设计

朋友害怕刷牙。于是，笑容加也做了相应升级：电动牙刷的刷头包裹成了全硅胶；升级了刷毛材质，变得更柔软；减小了振幅，这样，哪怕碰到其他牙齿也不会疼。

在笑容加 Q20 刚刚上市的第四天，就有笑容加的同事看到此前访谈过的妈妈发了朋友圈，分享孩子刷牙的表现——"孩子说：我明天还要用这支牙刷刷牙。"上市不到 3 个月，Q20 占领了淘宝、天猫和抖音电商儿童电动牙刷市场 60% 的销量。（数据来源：天猫生意参谋，2024 年 8 月；抖音电商罗盘，2024 年 8 月）

笑容加在做 Q20 这款爆品的过程中，最重要的那个环节——理解了妈妈们买一款儿童牙刷的深层动机：**希望孩子能拥有一口健康的牙齿**，而要实现这个目标，需要解决的问题不只是改善儿童牙刷的性能，更重要的是**让孩子从小养成爱刷牙和科学刷牙的好习惯**。

营销回归"人":深度共情,真诚互助

这是跟中心化媒体时代高举高打的符号式传播、去中心化时代流量换销量的即时转化型传播截然不同的方式。

前文提到,成为很多妈妈的"默认选择"的 Babycare,从创始之初就选择了一条与众不同的路径。

母婴品牌拓展产品线的常规路径无非两种,一是从自己的生产能力出发,二是从市场需求规模及增速出发。同时,为了强化专业的形象,集团通常会用不同的子品牌来经营不同品类:比如,一个品牌主要做婴童纸品,一个品牌主要做婴儿食品,这就给宝爸宝妈们带来了高昂的决策成本。

Babycare 则是从创立之初就希望做**人群品牌**——从"满足一类人的所有需求"出发,针对新生妈妈提供完整的育儿解决方案。创始人李阔说,他希望 Babycare 能够成为一个让妈妈们充分信任的品牌,"不用挑选,直接买就好了"。

在这个核心定位之下,Babycare 做了很多看起来很"感性"的、"不精打细算"的营销:比如,专门做一个不卖货的直播间,只聊育儿知识;比如,为用户提供 24 小时在线、可以随时咨询育儿问题的客服。

一名被 Babycare 赶超的国际母婴巨头的员工说,他们在很长时间里,最看不懂的是 Babycare 的营销。Babycare 的很多营销动作,没有用来讲功能、讲卖点,却花了大量的预算去推广与自身产品不相关的内容。

Babycare 曾经有一个非常出圈的传播——**"母爱无需疼痛来证明"**。

分娩疼痛一直是女性面对生育最恐惧的事情之一,医学上对疼痛的评估通常使用 0 ~ 10 级的评分体系,其中 0 级表示完全不痛,10 级则表示极度疼痛,

不讲品牌和产品的海报，只讲妈妈们的心声

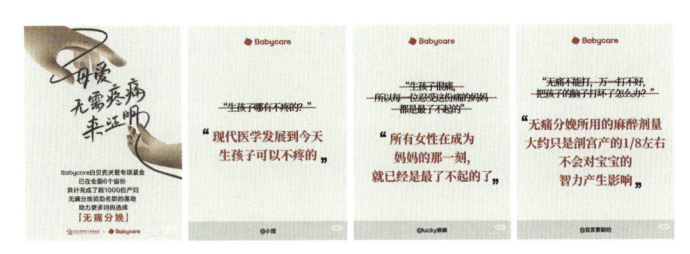

而分娩疼痛通常被评估为最高级别，即 10 级疼痛。所幸，无痛分娩技术历经了数十年的发展，已经成为临床上安全且成熟的技术。它不仅可以减轻产妇的疼痛，还有助于降低新生儿的死亡率。

2018 年以来，我国也在大力推行无痛分娩，全国先后有 900 多家医院设立了分娩镇痛试点基地。但直到 2022 年，我国真正使用无痛分娩的产妇仍然只有 30%。调研发现，真正阻碍无痛分娩普及的既不是技术也不是医疗资源，而是大众对这项技术的不了解，让人们在无痛分娩的观念上产生了很大的分歧。

支持无痛分娩的人说："整个生娃过程最感动的一句话就是麻醉医生对我说的'你不必忍耐疼痛'。""花在无痛分娩上的几千块，是这辈子最值得花的钱。"

而反对无痛分娩的人则担心"打麻药会降低宝宝的智力"，甚至部分人觉得女性需要体会一次生孩子的疼痛，这是母爱的表达。

Babycare 的"母爱无需疼痛来证明"行动，正是源于对那些不得不经历生产之痛的妈妈们的深度共情，希望可以打破人们对于无痛分娩的偏见，让女性可以更轻松地成为妈妈。Babycare 通过专家科普直播等形式，向公众普及无痛分娩的科学知识，向大众宣导"生育的痛应该被关注，而不只是被歌颂"。同时，建立 Babycare 白贝壳关爱专项基金，为有需要的准妈妈提供分娩镇痛费用补助，减轻她们的经济负担。在 Babycare 的努力之下，2022 年刚刚发起这个公益活动时，无痛分娩的话题阅读量就超过3.9亿，评论互动达到2.6万条，超过100家媒体参与和转发，专家科普直播观看人数超过63万。引发大众对于无痛分娩的关注和了解的同时，也让更多用户了解了Babycare、对Babycare建立了好感，品牌心智被深深植入妈妈人群中。

类似的营销行动，在Babycare成立的近10年间还有很多，比如在全国各地建立超200家母婴室，打造"爱的2平方"；比如"撕标签"活动，鼓励新一代爸妈撕掉不合理的标签，走向人设自由……在Babycare的很多营销动作和内容中，妈妈们都能感受到它是真诚地想服务好自己，共情自己遇到的真实问题，然后尽品牌之力帮助她们变得更好。每当Babycare这么做的时候，这些被打动的妈妈也在反过来帮助和拥护它，成了品牌的忠实用户和口碑传播者。

在Babycare的营销思路背后，我们常会体察到这样一种心态：**我不一定这次就要卖给你货，但我希望在你心中种下草**。看起来不是那么"理性"和"效率"的营销方式，却让Babycare长期以来在新客、复购、生意增长上都交出了极为漂亮的答卷。

服务回归"人"：直面问题，从用户反馈中找到优化服务体验的最短路径

对消费品行业而言，好的服务是锦上添花；但对服务行业而言，用户口碑中服务体验的好坏是生死线。

看到下面这组数据后，你对这件事的感受可能会更深：C-NPS（中国顾客推荐指数）在2020年对于中国几个主要的本地生活服务平台做过一轮NPS（客户满意度）的调研。其中，NPS为负的平台要么在今天已经消失在大众视野，

要么遭遇了退市。房地产经纪公司链家的创始人左晖也曾将 NPS 作为链家的首要指标——要把链家的 NPS 值做到 25%。在这个大的战略下，链家的 NPS 值从 2018 年的 0 提升至 2021 年的正 20（行业均值是 -20）。链家围绕 NPS 提升战略推出的不吃差价、真房源等举措也让其一步步坐稳今天的房产经纪公司龙头的位置。

2020本地生活行业NPS²

行业均值：14

*2020年5×[美股退市]

百×	拉×	5×	美×
-18	-18	-9	24

数据来源：C-NPS 数据

链家/贝壳NPS²

*2004年首推[不吃差价]
*2011年首推[真房源]
*2018年NPS升至0分

2011	2018	2021
	0	20

行业均值：-20

数据来源：左晖，链家创始人

对于服务行业来说，用户的正向口碑如此重要，但在今天，这类企业不得不面临一个巨大的挑战：他们发现，人们在拥有一次不错的服务体验的时候，除非远超预期，否则大概率不会主动表达；而如果遇到了不好的体验，人们在网上吐槽的概率是很高的。我们看过一个服务型平台的真实数据，后台统计他们实际的平均客诉量是万分之一，但是在社交媒体平台的品牌名搜索结果中，约 70% 的内容都是负面反馈，这让原本的"种草场"成了"劝退场"。

怎么样才能让大家的吐槽变得越来越少，主动推荐和种草变得越来越多呢？

家政行业可以说是服务业中最难管理，也最容易出现差评的行业之一：用户的需求多样且复杂，而服务者的能力难以考核，服务的过程又难以追踪，很多常见的管理工具在对保姆等家政服务者的管理中普遍难以应用。对此，天鹅到家的做法是：直面用户的问题，一边积极解决客诉，一边回收反馈，反向优化服务流程。天鹅到家在小红书建立了专属的客服中心，CEO（首席执行官）亲自注册了一个主理人账号接客诉。

打通了和用户实时沟通的通道后，他们发现，有很多以前从来没有想到的问题会导致用户的服务体验不佳。比如，为了规范保姆的服务质量，天鹅到家制定了一套退款规则和流程，但很多时候用户需要的不是冷冰冰的条款，他们更希望有真人客服来倾听他们遇到的问题，并为他们争取应有的权益。再比如，当用户遇到服务问题时，他们找不到咨询和投诉的通道，常常只能找对接自己的销售反馈，但销售人员的售后服务能力并不如客服团队，又没能及时将客诉转接给客服，就会导致用户体验不佳。

基于用户关于具体场景、具体问题的反馈，天鹅到家不断地优化和完善自己的服务流程——成立专门的客服团队，给用户反馈和解决问题的渠道，并将客服收到的高频问题转交给业务部门专项解决。在 2023 年底，天鹅到家改进了合同和退款流程。他们也发现，有很多线上找来的用户，在找到天鹅到家前，已经做过功课，有很明确的需求，他们需要的是有专人为自己设计解决方案、匹配服务者。为此，天鹅到家在销售团队之外，成立了服务能力更强、专门承接线上用户的"云管家"。

服务体验是天鹅到家的"一号位工程"，CEO 给客服团队制定了所有问题要在 1 小时内响应的要求，这个举动大大减少了负面舆情的发酵。当用户的问题能被及时解决时，他们吐槽的欲望就消失了，反而有不少人开始称赞，虽然服务过程中遇到了一些曲折，但天鹅到家的问题解决速度很快。现在在小红书中，天鹅到家的负面舆情显著减少。服务体验的升级也让天鹅到家的获客成本持续降低，体验满意度持续升高。在开始行动 3 个月后，天鹅到家的获客 ROI（投资回报率），在全部渠道都提升了 47%。

> **整合搭建小红书声誉管理专项团队**
>
> **小红书专属客服中心**
> 即时响应问题纠纷，不让负面口碑因为晚回复/不作为而发酵
>
> **CEO 主理人账号**
> - 投诉直达CEO，从上至下推动，解决效率高
> - 拉近消费者距离，客户信赖升级
>
> | 以心换心，1小时响应、24小时完全处理

天鹅到家在小红书上的客服

战略围绕"人"：少走弯路，提高决策成功率

通过访问企业主，我们发现，真正让企业浪费了大量时间和资源，让企业错过良机甚至遭遇危机的，常常是"自嗨"下的误判。

一位企业管理者反映，他曾经因为没有做透前期的用户测试，一个被寄予厚望的产品在投入大量营销费用推向市场的第八个月被宣告失败，原因是首批用户发现产品不如预期，自己的问题并没有得到解决。对企业而言，浪费营销费用还是其次，错过 8 个月的时间窗口对于产品战略布局影响重大。

在今天新品成功率不足 10% 的市场环境下，这样的案例屡见不鲜。

阿芙精油的 CEO 小乙跟我们复盘过阿芙曾走过的弯路。最早在她加入阿芙时，公司正在疯狂开发新品。那时，她一年开发了 100 多个品，结果跑了一轮下来只有一个成功。今天她回头看那些失败的品，犯的其实都是一些可以避免的错误。

比如，阿芙曾经和当时风头正劲的 IP Molly 合作了一款联名产品，是一个 Molly 头像的戒指，打开就是阿芙的香膏。

产品设计得很可爱，也很受欢迎，联名的 3000 个戒指很快就销售一空。

但是卖完就结束了，什么也没留下来。因为会买 Molly 的用户和那些会用精油护肤、疗愈自己的用户，完全是两类人。在追逐流量风口时忽视了目标人群的一致性，是小乙复盘发现的一个本可以避免的错误。每次流量风口背后的人群都不一样，这让当时拥有一支"追风口梦之队"的阿芙，最终没能打透任何一个人群，没能聚合成强有力的品牌心智，也没找到值得持续投入的爆品，反而留下来了数量庞大、管理成本高昂的产品线，以及大量的库存。这对阿芙而言是时间、金钱和机会成本的巨大浪费。

当小乙经历过追逐流量风口的过程，看到风口过后的一地鸡毛后，她尝试为自己、为阿芙找解法，最终，她的答案是，专注于"以油养肤"这一件事，帮助阿芙真正的目标人群变得更好。她和团队一起戒断了自嗨和短视，花大量的时间和用户聊天，了解她们的爱好、向往的皮肤状态和生活状态，记录她们遇到的问题，直到每个阿芙人头脑中都建立起关于目标人群的具体想象，然后回到产品上找解决方案。

阿芙 11 籽精华油，就是小乙和团队不断找用户盲测，一次又一次根据用户盲测结果调整配方，最终打造出的新爆品，也成功沉淀下了阿芙精油等于"以油养肤"的品牌心智。

小乙说，阿芙如今有一套完整的产品决策流程，这套流程保证所有的产品一定会回到用户，任何人的个人偏见都会被流程所修正。这大大提高了他们的决策成功率，在经历了漫长的低谷期后，今天的阿芙又回到了 2011—2012 年时巅峰期的收入和利润。

03
种草背后，不可逆的趋势正在发生

还记得吗？前面我们说，10年前"种草"的流行是一种必然，它是移动互联网爆发时期，在人们对于"筛选好物"和"消除信息差"的强烈需求下诞生的产物。

在今天和未来的更长时间中，种草将会成为企业最重要的经营方式，也是一种必然。这个信念，源于我们看到，种草的背后，不可逆的趋势正在发生。

趋势一：消费者的觉醒

消费者正在变得越来越明智、主动和有辨别力。

在访谈中，我们接触的一个用户是这样选择滑雪装备的：
她会先了解滑雪穿搭，学习滑雪到底需要哪些服装和装备、整体穿搭可以搭配出怎样的风格，之后，才会具体看滑雪服、滑雪鞋这样的品类。在看品类时，她也不会直接看商品，而是先看每个品类下有哪些品牌、每个品牌的优势是什么、品牌有怎样的历史、用户有怎样的评价。当大致框定了自己会选择的品牌范围后，才会在具体的几款滑雪服中做比较，最终做出自己的选择。

而另一个用户则跟我们描述了自己"决定相信谁、相信什么内容"的过程：

在挑选护肤品时，她会优先参考所关注的达人的建议，因为他们都经过了她严格的筛选。

在判断一个达人是否值得关注时，她会先看达人平时都推荐哪些产品，她更希望看到一些新鲜的品牌和产品，这些信息对她而言是更有用的。如果达人总是讲一些她早已了解的大众产品，她可能就不会感兴趣。

然后她会翻看达人的评论区，看看达人如何回答评论中的问题，她有时候也会在评论区提问，如果达人推荐的产品并不符合自己的需求，她就会觉得这个达人不专业，自然也就不会再关注了。

如果达人在推荐一些她不认可的产品，或者描述的产品效果有所夸大，与她的实际体验不同时，她会觉得这个达人不真诚，也不会关注。

她为自己选出了 600 多个值得关注的达人，这些达人更有用、更专业、更真诚，也就更可信，更能真正为她解决问题。

在小红书，每月有 1.2 亿用户通过搜索寻求购买建议。以 SK-II 的经典产品"神仙水"为例，当消费者在小红书搜索"神仙水"时，与之相关的场景词、品类词、功效词等超过 600 个。这说明消费者用相当严谨认真的态度，从方方面面对这一支精华水做了全面的了解。而在选购婴儿食品时，消费者会更加谨慎，从种草到进店的平均周期甚至超过了 80 天。

消费者正在变得"爱做功课、会做功课"。

爱做功课的背后，是大家发现每次做功课，都能从中得到正反馈。例如，买到了真正适合自己的产品，找到了不枉此行的旅行目的地和小众体验，学到了小小改变就能变身氛围感美女的技巧，抑或是常常被身边的人夸赞"你怎么这么会买！"，等等。

而会做功课，则让今天的消费者能快速识别不真诚的内容，淘汰掉那些口碑不好的产品。

消费时，人们正在从被动的信息接收者，转变为主动的美好生活追求者。

年轻一代的主流消费者成长于物质丰裕时代，国家经济的快速发展、主要消费品类的供大于求、社交媒体上各种各样的美好生活的具象化，让他们同时具备了一定的消费力、不错的鉴赏力和想要实现美好生活的内驱力。大家不再满足于产品能实现基础功能性需要，也不一味盲从于大众流行，而更在意如何利用自己所拥有的资源最大程度实现自己向往的美好生活。

我们访问了一个年轻女生，她刚刚工作，还在租房，出租屋里只有很小的浴室，用她的话说：只有伸不直胳膊的大小。但是，她会通过精挑细选自己喜欢的沐浴用品，让每次洗澡变成享受独处的放松时光。

在小红书上，有一个词能够形象地描绘这种向往，叫作"15°仰角"。它指的是优于现状，但对自己而言又是看得见、摸得着的生活方式。"15°仰角"最能激起人们对美好生活的向往和追求，因为它近在眼前，只需稍作努力就能让生活更进一步。

在消费觉醒的大趋势下，**"真诚"**和**"向往的生活"**是对于企业来说非常重要的关键词。在这个趋势下，那些能够真正给人们提供更好体验、帮助人们实现向往的生活的产品和服务，不仅更容易获得偏爱，也更能让消费者付出高价格。

今天，很多产品在成为爆款的同时，卖出了超出以往认知的价格：东边野兽的 30 毫升灵芝精华油露，卖到了 800 元；卡萨帝的小私汤热水器，在普遍定价不过万的热水器行业，实现了近 2 万元的价格。曾经有一个用户在小红书里种草了一家设计师家具集合店，去线下店铺实际体验后，被设计师的理念和审美深深打动，一次性采购了近 100 万元的软装。

趋势二：从大共识到小共识

如果我们细看各个行业，会发现这些年来几乎每个行业、每个品类的用户需求都在快速变化和增加。

以瑜伽这个相对晚熟的品类为例。瑜伽在中国的大范围流行大概是从 2015 年开始的，因为这项运动对于减肥和塑形有帮助，同时又能够让人身心平静，越来越多的人爱上瑜伽。原本它是对器械装备要求较少的一项运动，只需要一张垫子即可。但随着用户对瑜伽的理解越来越深入，在不同练习场景、不同流派的要求下，用户对瑜伽垫的需求也越来越多元。

比如，阿斯汤加瑜伽强调每周练习 6 天，强度大、流汗多，对瑜伽垫的主要要求是耐磨损、适度防滑，又不能太防滑而影响特定动作完成的流畅感。Manduka 的传奇黑垫成为这一流派瑜伽练习者心中无可替代的心智品，售价上千元的黑垫还不是买来就能用，使用之前还要"开垫"：它需要人手工抹上盐，"腌渍" 24 小时，才会达到更好的使用状态。而用户们愿意为了更好的体验，支付这样的金钱和时间。而 Liforme 则把握住了用户希望在瑜伽练习中姿态精准的需求，首创了在垫面上画引导线的设计，是哈他瑜伽爱好者们心中的"神垫"。

在这个例子里，"练瑜伽需要瑜伽垫"是大共识，这个大共识随着人们对瑜伽运动和瑜伽垫的进一步了解，细化成"不同练习阶段和瑜伽派别需要不同类型的瑜伽垫"的小共识。诸如此类的小共识正在所有品类中快速形成：干皮、敏皮、干敏皮人群需要不同的护肤产品和护肤方式；喜欢街头文化、汉服文化、JK 文化的时尚爱好者分化成不同圈层；不想错过每一个打卡景点的"特种兵"旅行爱好者和喜欢深度漫游的旅行爱好者，在同样的目的地选择了完全不同的旅行体验方式；喜欢改车的人群和家庭用车群体对于"梦中情车"的定义也天差地别……

小共识形成的背后，不仅是需求的细分，也是在商品供给和信息供给都极大地丰富后，人们在一次次的消费决策中逐渐形成了生活方式的分化，从而分化成不同的人群，形成了各自的同好圈层。

从企业的视角来看，每一个小共识的背后，都意味着一个新的生意机会正在诞生；无数个小共识的形成，让企业能够跳出过往在大共识市场中卷性能、卷价格、卷渠道的硬核竞争，找到利用企业软实力弯道超车的可能。

在小共识时代，把一个产品无差别地推荐给所有人的传播方式即将落幕，而那些能比别人更早、更敏锐、更深度地理解不同共识下人们所向往的美好生活，并且为此提供解决方案的企业，将会赢得胜利。

趋势三：普通人被看见

社交媒体让普通人的表达在公域被看见，这件事引发了一系列的连锁反应。

连锁反应一：人们越来越爱表达，也越来越善于表达

"让普通人被看见"，是小红书平台的分发价值观。平台将 90% 的流量给到了 UGC（普通用户笔记），在这个运营机制下，小红书里累计成长出了 1 亿多个笔记分享用户。此前小红书公布的数据显示，每天有 300 多万篇内容诞生，并且这个数字还在不断向上攀升。

用户有多爱表达呢？大到人生高光时刻，小到看到一朵美丽的云，从人生的起点到人生的终点，大家都在这里记录着、分享着。

当每一次用户的主动表达在公域中被更多人回应时，当用户发现自己发出的一条笔记帮助很多人解决了跟自己一样的问题时，这样的正向回馈激励他们变得越来越爱表达。

在长期的"表达训练"下,人们也越来越善于表达。

我们曾经访问过一名小红书用户,她生活在河北邯郸,是一名银行职员。当我们请她描述一下自己的生活状态时,她脱口而出:"我的生活就是,自由而重复。"短短5个字,简洁而精准地将我们拽入她的生活画面中,让我们回味良久。

连锁反应二:产品和服务的好坏变得透明

在今天的消费场景下,如果人们足够努力做功课,信息差几乎可以不存在。

小众的旅游景点,会有人总结最完整的打卡攻略;同类型的产品谁家效果更好,也会有人"以身试法",亲身实测后告诉你结论;藏在角落里的宝藏酒馆,也会有人替你一一探店体验。

无论是 KOL 还是普通人,都在合力降低消费信息差

026

这也就意味着，**产品好坏变得透明**。产品有问题，藏不住；产品如果真的好，用户们也会自发帮你宣传。只有做出好产品，才能赢得用户的表达，产生足够支持用户做出消费决策的内容。

连锁反应三：人们在决策时，会更相信普通人的内容

在我们的调研中，78%的用户明确表示：在做消费决策时，自己更偏向于参考其他普通用户的内容。因为普通用户的内容更真实，语言也更贴近大众思维习惯和感受，而且会描述更多用户在意的点。

一名用户说："我看车基本不看官网和特别专业的那种介绍。我关注的是颜值以及实际开车的体验，很多细节，比如说车钥匙好不好看、内饰怎么选、车卡钳要选什么样的、轮胎要选什么样的、哪些套餐没必要选，专业介绍中反而没有，都是从其他买了车的用户笔记里学到的。"

这也是种草的特别之处。在以往的广告形态中，企业都是那个主要的发声者和传播者，但是在今天，消费者的决策行为已然发生变化。人们更相信普通人的内容，企业需要借助人来影响人，因此，我们才会观察到那些种草成功的企业，总是能引发用户的传播。而这样的用户内容，仅仅靠花钱是买不到的。只有产品和服务真的好，才能得到用户大范围的正面表达。

连锁反应四：消费者从价值的接受者转变为价值的共同创造者

现代营销学之父菲利普·科特勒教授在2023年底出版的《H2H营销：开创人本营销新纪元》一书中描述了消费者从价值的接受者转变为价值的共同创造者的过程：在传统的营销模式中，消费者通常是被动接受企业提供的产品或服务；而在人本营销时代，消费者通过在社交媒体上的主动表达和直接参与企业共创，在企业战略、产品研发、营销策略和帮助企业影响其他消费者等关键环节，帮助企业创造巨大价值。

说到这里，有一个很值得分享的案例——延安苹果。延安果业中心想要把当地特产的苹果推广出去，这里的苹果产自联合国粮农组织认定的世界苹果最佳优生区，口感脆甜、个大皮薄。虽然有很棒的产品，但是果业中心之前没有在社交媒体上做过营销，缺乏营销经验的他们想了个主意——直接在小红书上求助那些有好点子、熟悉社交媒体的用户！

为此，他们还注册了一个账号，叫作"听劝的延安苹果"。

笔记一发布，立刻吸引来很多用户积极帮忙，有人在评论区认认真真地为延安苹果列下了十大营销策略，有人建议他们开一场"苹果发布会"，有人干脆直接上手帮他们写起了文案，还有设计师用户直接帮延安苹果免费设计了 logo（商标）和包装。

延安苹果也真的听劝，改了文案，改了包装，还给出主意的小红书用户写了一封感谢信。因为这样一篇"听劝"笔记，延安苹果正式火出圈，当初积极地在评论区帮他们出谋划策的用户，也成为他们的第一批互联网买家。

当**普通人被看见**，一连串涟漪效应被引发出来：人们变得更爱表达和会表达，大事小事都习惯于在公域分享，这让产品和服务的好坏直观地呈现在所有人面前，只有好产品、好服务才能持久地活下来；当好产品、好服务被人们筛选出来后，更多人发现自己在别人的帮助下买到了对的东西，或者是成功避坑，这让他们越发相信普通人的推荐，也会用互动、关注等方式给分享经验的种草者以正向回馈；这些正向回馈进一步鼓舞了人们的主动表达和主动参与，让人们更积极地参与到企业价值的创造过程中。

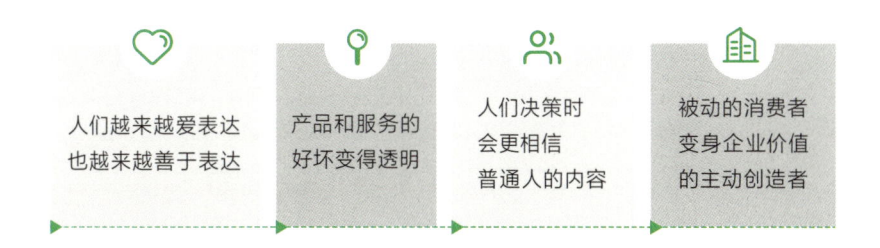

| 人们越来越爱表达 也越来越善于表达 | 产品和服务的 好坏变得透明 | 人们决策时 会更相信 普通人的内容 | 被动的消费者 变身企业价值 的主动创造者 |

趋势背后的本质：消费者与企业的关系走向平等

当我们把三个趋势拼起来一起看时，就会发现所有的变化都指向一个方向：消费者和企业之间的关系无限趋近于平等，二者形成了一种我中有你、你中有我的互助关系。

在过去，我们总认为企业是一个很庞大的存在，有大量的员工、雄厚的资金实力、被广泛认可的声誉。即便绝大多数企业都会喊着"顾客就是上帝"的口号，但事实上企业几乎总是处在更强势的一方。

而相比之下，消费者的形象是渺小而模糊的，尤其是"用户标签"刚出现

趋势	01 消费者的觉醒	02 从大共识到小共识	03 普通人被看见
趋势的典型现象	消费者变得越来越明智、主动和有辨别力	人们的需求在快速地丰富和精细化	人们更爱表达，也更善于表达
	人们正在变得"爱做功课、会做功课"	人们因选择了不同的生活方式，形成了人群分化，也形成了同好圈层	人们做决策时更相信普通人的内容，产品的好坏变得透明
	人们从被动的消费者身份，转变为美好生活的主动追求者	小共识的形成，为企业创造了新机会和弯道超车的可能	人们从被动的消费者，转变为企业价值的主动创造者
趋势背后的本质	消费者与企业的关系走向平等		

的时候，似乎每一个消费者都能被几个简单维度的标签所定义：女性，已婚已育，住在一线城市，年龄在 30 ～ 40 岁之间……这样的消费者可能有一千万人。当企业为这样一群目标用户设计一款产品、拍摄一条广告时，对企业而言，每个人，都只是千万分之一。

几年前，当用户与品牌互动时，如果得到品牌的回复，会惊喜地说"被翻牌子了"。而现在，越来越多的品牌会在评论区大量回复消费者的疑问，甚至主动到"差评"帖子下为消费者提供解决方案。

在商品的供需天平发生倾斜、媒介被去中心化的算法主导、流量走向平权的今天，每一个消费者都变得真实而立体。企业面前的消费者不再是一个面目模糊的"30岁已婚已育的一线城市女性",而是"处在事业上升期的女白领、新手妈妈,受过良好的艺术教育,希望孩子能够自由探索自己的天赋,此时她正在为自己5岁的女儿寻找一个培养色彩敏感度的解决方案,摆在她面前的备选答案有以凡·高的《星空》为题材的积木、全彩的油画绘本、学龄前儿童的水彩画体验课和艺术馆的门票"。

只有当企业真正尊重消费者、把消费者当作一个具体的人来对待时,才能真正理解消费者向往的生活方式和背后的驱动力,才能真正打动他,让他被种草。

曾经有一个词在营销圈很火,叫"品牌拟人",意思是将品牌赋予人的性格、态度或者卡通形象。也许今天我们能做一种新的解读:把品牌当作一个普通人,让"他/她"用生活中人与人沟通的方式,用平等的身位去对待每一个消费者。**这也正是我们所说的种草的含义:真诚地帮助人,为向往的生活找到解决方案。**

这并不代表企业的地位下降了,也不代表企业的利益会受到损害。相反,当企业与消费者趋于平等时,企业会收获一种更为宝贵的价值:消费者对企业的帮助。消费者不仅会购买企业的产品,还会主动向其他人分享推荐、为企业或品牌维护口碑,甚至会向企业提出改进的建议。上文提到的延安苹果就是这样一个典型的案例。

为此,做好种草需要以"人"为中心来经营:

要理解"人"的深层需求,解决"人"的关键任务;

要通过"人"进行传播,借助"人"来影响"人";

还要通过"人"的主动参与和反馈,不断优化解决方案和沟通模式,从而帮助"人"为更好的生活找到解决方案;

最终,实现企业的长期发展,获取可持续的商业收益。

CHAPTER 2

种草的
底层心法

让每个人向往的生活变得可见,
即种草的关键。

引言
看见每个人向往的生活

拆解种草的底层心法,需要先从一个关键问题入手:

人们为什么会被种草?

让我们通过小红书用户的自述,来还原不同的人被种草的真实瞬间:

"其实我一开始想装的是原木风,因为我觉得原木风的东西最容易小成本出效果,装得能住就行了,但是后来在小红书上被种草了法式风,太好看了,这辈子不装法式不行,就开始搜索各种法式风的装修。"

原木风　　法式风

■ 娜娜,64m² 独居,最近被种草了法式风装修

"我之前被种草了一款露营手推车,刚开始是看到有其他宝妈分享自己用这种露营车带孩子出去玩,无论多大的风雨,孩子坐在小红车里,雨棚一拉,里面就是另一个世界。而且,五六岁的孩子走不了太长距离,玩累了、走不动了就让他们坐车里,既省力也安全。买回家以后发现真香,(露营手推车)可以解锁很多很多场景,出游途中日晒雨淋也没关系,有次要出门时突然下雨,我们照旧出去,我女儿在车里面还唱歌呢,我和狗都浇得很湿,但也很开心。有了这款车,我想带孩子去淋一场雨都没问题。"

▎姜小姐,孩子4岁,最近被种草了一款露营手推车

"真的很想知道毛孩子们一天天都在想什么,所以最近在小红书上被一款产品疯狂种草,它是一个宠物发声按钮,狗狗按压不同的按钮,会发出'带我出去玩''我爱你''我饿了'等声音,看它们用按钮表达自己的想法真的很有趣。"

▎小叽,26岁,最近被种草了宠物发声按钮

回溯这些用户被种草的过程,我们发现这是一个人对实现他所向往的生活愿景的路径逐步清晰的过程。以宠物发声玩具为例:用户小叽先是有一个模糊的想法,希望能够跟自己的狗狗交流,但宠物怎么可能会说人话呢?真的有这

样用途的产品存在吗？直到有一天她被一篇笔记"激发"了，小红书上一个陌生的养宠人率先分享了通过宠物发声玩具与狗狗对话的视频，在这一刻，被深深种草的她决定付诸行动。认真做功课之后，她发现，有相同想法的养宠人还有很多，而且大家已经试出了好几种解决方案。最终经过多方比较，她决定购买某品牌的宠物发声玩具，成功实现了自己最初的心愿。

人的底层驱动	宠物不是人的附属品，宠物和人之间相互平等，我希望与宠物一起更好地生活
	被具象化的生活场景内容激发
向往的生活方式	能与宠物交流，主人能听懂它，它也能听懂主人
	做功课
解决方案	让宠物学会使用道具，宠物行为培训课
	做功课
明确的消费需求	某品牌宠物发声玩具

在整个过程中，我们可以看到，发生在用户被种草之前的关键一步，是他所向往的某种生活愿景被真实地呈现于眼前，他看到了潜在需求被满足的可能，被激发出了向往，进而开始主动探索解决方案。用户被愿景激发后进入"主动的状态"，是种草路径中的关键分水岭。

在过往的大多数营销动作中，企业所看重的通常都是直接给出解决方案，即告诉用户"这款产品是你的明智之选，能帮助你解决什么问题"。但这种直抵目标式的营销，在用户需求尚不明确时，给用户带来的触动往往是有限的。

而种草所做的，很多时候恰恰是向前一步，帮助用户从"不知道自己要什么"到"知道自己想要什么"，其原动力来自用户对"我可以生活得更好"的真诚向往。

如果所有企业都能总结出目标用户的消费驱动力，并描绘出他们所向往的生活愿景，种草就会变得容易许多。但即便我们直接去问用户"你想要什么样的生活、向往怎样的状态？"，也很少有人能直接说得明白、讲得具体。所以，**让每个人向往的生活变得可见**，即种草的关键。

从种草型企业的做法，和过去小红书做用户运营的经验中，我们发现了一个好用的方法——**找到用户的"激发态"**。

01
让激发态成为
行动的信号

如何敏锐地觉察到用户的激发态？让我们来看看一个广受好评的新创吸乳器品牌熊猫布布是怎么做的：

在一场用户讨论会上，一个事件引发了在场妈妈用户们的强烈共鸣。当时，现场正在分享一个小红书上广受关注的话题——#凌晨4点的妈妈#，这个话题下，很多哺乳期妈妈分享了自己常常要在凌晨4点一个人起床，给孩子喂奶的经历。现场一位妈妈激动地开始了分享："我就是凌晨4点的妈妈，大家都睡了，只有我在深夜里睁着眼到天亮，心情就很复杂，一边觉得自己委屈，一边觉得自己伟大。"被这位妈妈的发言带动，现场的其他妈妈也纷纷开始分享自己凌晨喂奶的心情。

产品负责人意识到，在妈妈们爆发出的委屈和彼此间的强烈共鸣背后，潜藏着巨大的情感需求，而他们的产品也可以不只是一个冷冰冰的吸乳器，而成为一个有温度的陪伴者，尽力抚平夜奶妈妈们的孤独感、艰辛感。

这个描绘了用户具体生活场景，并使用户情感被普遍激发的瞬间，给了熊

贴心暖光氛围灯
让柔和光线照亮夜奶时分

3000k的色温，令人放松平静且呵护眼睛，宝宝醒来也不担心

*两档亮度可调，日间时可关闭

猫布布产品思路上的启发，让他们看到了用户更想要什么。于是，他们专门在产品上加了一个传递温暖的小夜灯，在凌晨4点给妈妈们陪伴和慰藉。后来，这个小夜灯成了妈妈用户们特别好评的功能。

这便是找准了用户的潜在需求，并领先一步呈现了令人向往的生活愿景后的一个成功案例。

在小红书上，无数趋势的风行都有着相似的助推路径。比如 # 便利店调酒 #，这一热门话题最初起源于2021年，能一直火到现在，背后少不了小红书运营团队对用户激发态的敏锐洞察和快速行动。

早在2021年3月，小红书运营团队在观察搜索指数的时候，发现了一个异常值——便利店调酒，虽然它的搜索量还非常小，但正在呈现一种指数级增长的态势。

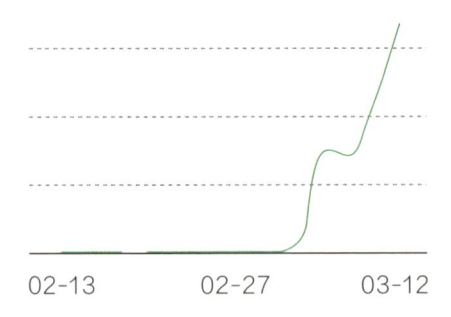

其实每天都有新鲜的关键词因为一两篇笔记的爆火而搜索量快速增长。但当运营团队深扒搜索词背后的内容时，发现这个词非常有潜力成为未来的大趋势：

在该搜索词下，有一个小红书用户分享了自己如何用便利店里售卖的 10～15 毫升的玻璃瓶小酒，搭配柠檬茶、燕麦奶、乌龙茶等饮料，DIY 出不同口味的鸡尾酒。这篇调酒攻略很快激发了其他用户，开始有人效仿，甚至创作新的配方，分享到小红书里。这些内容一经发布就收到了其他用户的积极互动，爆文频出，进一步激发了更多人加入进来创作和分享。

运营团队迅速嗅到了这个机会，因为它很精准地切中了当下一部分年轻人向往的生活方式：

1. 下班后的微醺：为了排解压力或是取悦自己，他们选择下班后喝一杯，但只喝一小杯，绝不喝醉；
2. 简单的独处时间：不需要一群人兴师动众去饭店或酒吧，只需要在楼下的便利店歇脚 10 分钟，就能获得"轻享受"；
3. 个性与品位的表达：每一款都是自己亲自调配的，既符合自己的口味，又能够跟身边人分享攻略。

于是，小红书不仅在线上运营#便利店调酒#话题，还快速跟全家便利店联动，只花了 3 天时间，就把便利店调酒攻略落地进 2000 家全家店铺。这样线上线下声量齐发，让#便利店调酒#快速火起来，站内不断涌现各种各样的调酒攻略，连带着用来 DIY 调酒的原材料都销售火爆，原本放在货架上无人问津的小瓶酒，突然变成了要跑好几家便利店才能买到的抢手货。如今，在小红书搜索#便利店调酒#这个关键词，已经能看到被用户迭代了无数版的便利店调酒攻略了。

通过以上两个案例可以发现，对有心服务这些用户的企业来说，用户进入激发态的瞬间，是一个非常珍贵的行动信号。因为它意味着：（1）用户的需求被证明是真实存在的；（2）这个需求很有可能是可以被快速转化为相关产品或服务的。

我们在深度访谈过多家近年大火的初创企业后，总结出了一套企业把握信号顺势种草的行动方案，主要可分为四步：

第一，捕捉——捕捉用户们被激发的瞬间，找到种草的起点。

在用户的各种表达中，往往能找到通往其向往的生活的线索，将原本抽象的生活愿景，变成可观察、可产品化、可用于营销的对象。

第二，理解——理解用户进入激发态的深层原因，判断是否具有行动价值。

并不是所有的用户表达都有足够的普遍性，只有那些覆盖了足够大的目标人群，能引发广泛真实共鸣的表达，才值得引起企业重视，并快速投入行动。

第三，放大——通过产品、营销、服务等动作，在更大范围内复制激发用

户的要素，复现对用户的激发现象。

捕捉与理解是发现机会，放大则是把握住机会，将发现的机会转变成实际收益。我们常常会看到有企业好不容易找到了机会，却因为没有及时把握机会，被竞争者后来居上，错失了良机。因此，抓住机会后企业要学会用各种手段及时放大成效。

第四，激发——让更多的用户进入激发态，让他们不仅成为企业的顾客，也成为企业价值创造的参与者。

对用户实现大范围的激发后，种草开始进入正循环：这些被激发的用户，通常会产生更多的主动互动行为，为企业在算法中争取到更多优势；用户也会产生强分享欲和更动人的表达，免费帮助企业在新的人群中种草；甚至一些认可产品的用户会主动提出建议，特别是善于创造的用户会发挥个人创意，为企业反馈很多创新想法；同时，会有更多激发现象被企业捕捉到，从而更早地发现下一个机会。

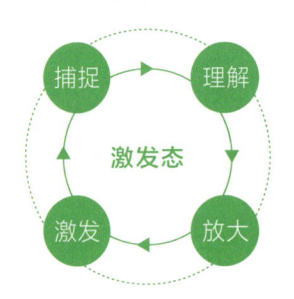

根据对多家企业经营实践的深入观察，那些能够种草成功的企业，常常是不断重复捕捉、理解、放大、激发的工作流程，不断找到下一个激发用户的点（以下简称"激发点"），并叠加，实现对用户多个环节、更高强度的激发，使企业与用户可以共同成长。

这就是我们在无数个成功案例中发现、总结出的——**种草的底层心法。**

02
捕捉：找到消费趋势的起点

真正的爆款产品，往往不会来自对现有消费趋势的简单跟随，更多是对消费趋势的率先引领。当大量用户都还没有意识到自己的需要时，你的产品呈现在用户面前，使其不由自主发出"wow"的赞叹，这才是超出预期的"杰出"交付，才有可能成为风靡一时的大爆品。

因此，对于企业来说，**真正重要的不是去顺应已经发生的趋势，而是不断看到未来的趋势**，基于此领先一步设计产品和制定营销策略。

具体说来，就是能孕育爆款的，必然是新要素的发现，新的要素才能为用户创造惊喜。就比如，如果大家都意识到了羽绒服越保暖越好，那我们提升一点羽绒服的保暖性能，消费者未必能感知到，就不可能创造爆款。

新要素的发现常常是以下几种情况：

第一类，是找到新的技术，将已知体验大幅度提升，就像苹果公司总是能开发出新技术，让电子设备的人机交互体验更接近自然交互体验。但这对企业的技术积累要求极高。

第二类，是找到一个新的模式，从而降低优质体验的门槛。比如小米通过规模效应大大降低了各种电子产品价格，让更多消费者体验到了科技普惠。

第三类，是找到新体验，发现用户普遍没有意识到的需要，其他企业也尚未察觉到的新体验，成为这个体验的率先满足者和普及者。

这三种情况，刻画了新趋势从发现到发展、成熟的常见过程。

最早有个别企业发现新体验，为用户创造惊喜。之后更多企业开始在技术、模式上对已有体验要素的满足程度不断提升，不断地为用户创造惊喜。直到有一天，用户对体验的提升不再敏感，这个体验变成行业的基本体验，企业就开始在性价比上下功夫。

能持续保持高速发展的企业，常常掌握了不断发现和实现新体验的能力。因为，在单一体验下，技术对体验的提升，总是会遇到时代的瓶颈，而提高性价比则意味着降低利润率。对于大多数企业来说，必须源源不断发现新的体验需求，在新体验诞生时进入，因为此时对技术和模式的门槛要求最低。

因此，企业需要做到的是站在消费趋势的起点，比别人更早找到下一个即将发生的新体验，并且实现。在这个目标下，种草的第一个行动——**捕捉**的重要性不言而喻。

但由于操作难度极大，只有很少的企业能够做到。

如何捕捉未来的消费趋势，捕捉什么，从哪里捕捉？这对企业来说，是一个长期难题。即便是很多大公司，设置了强大的 CMI（消费者洞察）团队，也经常跟大量的外部咨询公司、调研公司合作，但是每每发现趋势时，已经有很多企业同时入局了。

因为**传统的调研方式下，我们常常只能看到"现在"，而看不到"向往的未来"**。

接下来，我们会介绍几种具体的做法，帮助大家了解**如何先人一步捕捉未来**。

现象级爆品，发源于现象级趋势

在 INTO YOU 出现之前，唇部彩妆已经有很长时间没有出现新的品类了，在小红书后台唇妆类目的搜索排行榜上，也很久没有新的品牌挤进 TOP 10。然而正是这个 2019 年才成立的新品牌，带着它首创的唇泥产品，以超级黑马之姿出现在大众面前，打破了这个僵局。

INTO YOU 是怎么想到做唇泥的呢？这并不是一个一拍脑门的简单决策，而来自品牌对美妆趋势和用户反馈的细心捕捉。

2019 年前后，小红书上出现了一个新的热词，叫作"氛围感妆容"。在此之前，以完美日记为代表的品牌用大量彩妆教程类内容，对用户完成了初阶化妆技巧的教育。化妆小白们在学习了各种眼妆、唇妆、腮红、阴影等上妆技巧后，开始不满足于局部的妆容好看，而更加关注妆容整体搭配协调度和高级感，"氛围感妆容"因此开始流行起来。

"氛围感"不只在美妆领域引发了热潮，还向外辐射到了其他领域：氛围感穿搭、氛围感拍照技巧、氛围感野餐……人们对于氛围美的追求，成就了一个现象级的趋势。

说回彩妆，在"氛围感妆容"中，有一个分支主打"雾面氛围感"，这种妆容强调从底妆到唇妆都呈现一种雾面和朦胧的感觉，眼影、眼下腮红和唇膏颜色通常采用同色系的深浅色进行搭配，颜色上更多选择低饱和色彩。总而言之，就是不强调五官，追求一种整体的、充满氛围的美感。

在小红书上，用户自发分享氛围感妆容和教程

氛围感妆容的流行带动了雾面唇妆的需求。雾面唇妆在市场上原本是有解决方案的，很多美妆大牌都有哑光口红、丝绒唇釉，但是 INTO YOU 注意到有些用了哑光口红、丝绒唇釉的用户，会在小红书上说"拔干"——涂在嘴上特别显唇纹，干了之后卡在唇纹里往下掉碎屑，也很难涂抹均匀。于是他们从这个问题下手，在质地上进行了革新，发明了唇泥。

唇泥的质地似"泥"，使用感却绵密丝滑，很好延展，还能隐匿唇纹。不仅如此，为了迎合氛围感妆容趋势下，大家对低饱和度色彩唇妆的需求，INTO YOU 还独家研发了一套 INTONE 色彩体系，和当时市面上主流的以欧美白色/黑色皮肤为设计基础的高饱和口红色号不同，INTONE 的色彩体系更贴合亚洲人白皮、黄皮、粉皮和橄榄皮等多种肤色的需求。

产品一上市，就迅速引爆市场，改变了原本的唇妆战局，INTO YOU 在小红书的唇妆品牌搜索排名上连续数月霸榜第一，也在 2022 年登顶了"天猫双十一"唇部单品 No.1。

2024 年 5 月，INTO YOU 庆祝了它的首款爆品——女主角唇泥的 5 周年

047

不显唇纹的独特质地也是唇泥的一大卖点

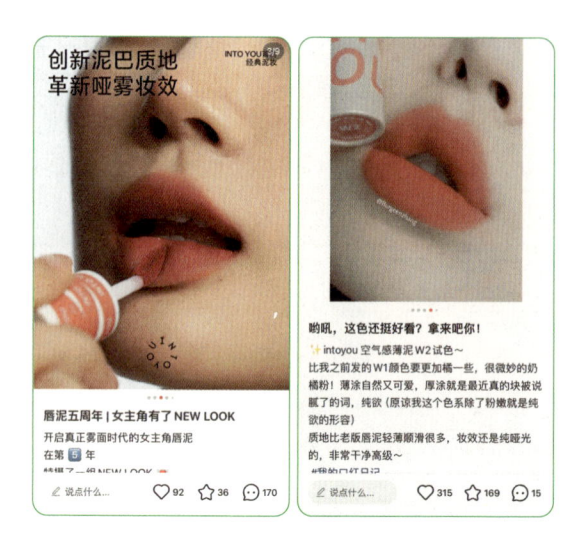

生日，这款唇泥从诞生至今已经销售了几千万支，时至今日仍然非常受欢迎。甚至，在这 5 年中，唇泥已经从 INTO YOU 的独家产品，演变成了一个重要的唇妆品类。

让我们回到唇泥诞生之初。当时雾面口红大多只是某个唇妆品牌下一个口红系列中的部分色号，为什么 INTO YOU 敢于大胆押注，"all in"（全押注）雾面唇妆做研发和创新，直接把雾面唇妆做成了品牌心智呢？

这背后，是 INTO YOU 相比于其他品牌，对目标用户的向往和向往背后的真实需求有更深的理解：

为什么有更多人开始想买雾面口红？——因为希望化出氛围感妆容。

为什么有更多人喜欢氛围感妆容？——因为随着化妆技巧的升级，人们对于妆容的整体协调性、氛围美更加在意，更倾向于通过独特的妆容表现自己的个性。

氛围感妆容的需求足够大、足够持久吗？——这个趋势从彩妆兴起，渗透到了生活的方方面面，背后是人们对审美的更高追求，代表了向往的未来。

当氛围感这一新的现象级趋势出现之时，人们的需求被很好地满足了吗？——没有。而这正是 INTO YOU 用唇泥入局的绝佳时机。

总结来说，INTO YOU 押注的不是某个色号，而是一个大的生活趋势。此时人们需要更好的妆容解决方案。事实也证明，这确实是一个足够大的赛道，在 INTO YOU 爆红之后，很多品牌涌入开发唇泥产品，如今，唇泥已经是小红书上继唇膏、唇釉后的第三大唇妆品类了。

不断深究一个现象发生的背后成因，常能帮我们跳出当下的竞争逻辑，发现一个高确定性的、巨大的市场机会。但想要成功捕捉趋势，当然并不是这么简单，实践中还有一些需要注意的要点，接下来我们将一一拆解。

关注超级用户——向往的生活的先行者

首先，我们需要指出的是，现象级趋势的出现是"天时"，一旦捕捉到就可能迎来爆发，但不确定性是极高的，潜在的竞争者也很多，企业经营不能总是等待这样的机会降临。

因此，在捕捉的过程中，也需要"人和"——找到向往的生活的先行者，他们是具有更高确定性的、持续有效的未来趋势的信号来源。

比如母婴品牌 Babycare，会关注一批在小红书上的资深用户，虽然这些人可能每人只有几十、几百个粉丝，但是他们尝试了大量的产品，对体验能做出准确的判断。当新品上市时，他们的反馈常常更敏感，往往代表了用户们在未来的使用感受。

我们将这一类用户称为行业的**"超级用户"**。相较于其他普通用户，超级用户常常在某个领域花费更多的时间，更清楚自己的需求，也大量使用了产品，知道不同产品的优缺点，也知道市场上有什么产品、缺乏什么产品。 他们也更敏感，更能率先意识到新的体验点，也更容易发明新的表达。

很多企业都通过维持定期交流、建立专门的流程机制等方式，保持着对这些超级用户的重点关注。不少彩妆品牌，更是会保持与彩妆爱好者们的密切交流、定期沟通，有了想法就去问问意见，很多新产品的想法会在交流的过程中产生。

举例来说，小红书和阿芙精油联合举办过一次产品共创，邀请了三组超级用户一起参与产品测评和讨论。这些用户的身份很多元，她们是不同年龄的护肤爱好者，也是小红书博主，同时也有着不同的职业，比如模特、演员、品牌顾问、瑜伽教练等。这些被甄别出来的超级用户按照年轻肌、熟龄肌、成分党分成了三组。三组超级用户在现场的高密度信息输出，给了阿芙团队非常多的"aha moment"（顿悟时刻）。

在讨论眼部护理的时候，有一位用户脱口而出"不管油皮干皮，你的眼皮都是干的"，另一位紧跟着补充"相比于眼霜，眼油更滋润，更适合容易形成干纹的眼周，我用了眼油第二天醒来眼睛周围都是润的"……这些反馈，让阿芙的团队提前捕捉到了即将面世的眼油产品有着很好的市场机会。事实上，他们之前一直很纠结这款产品是否值得重推，因为眼油当前的市场规模还非常小，但如果能切入原本眼霜用户的需求，那将是一个规模巨大的市场。

再比如，有一组用户感受力极佳，她们能够通过质地、香味瞬间辨别出是哪家的产品，还会头头是道地告诉品牌哪里好、哪里还需要改进、应该打什么样的卖点、什么样的人会因为什么而买单……这些反馈让阿芙团队当场决定调定位、改包装、升级产品。

企业与这样一群超级用户形成稳定的沟通关系，会大大提高对未来趋势的捕捉效率。

观察超级用户的表达、建议，也更有价值。这些先行者，常常在更早的时间点意识到更大范围的目标人群在当下还没有意识到的需求。实际上，他们常常也是人群中的意见领袖，是向往的生活的先行者和推广者。一个新的消费趋势，总是会先从这些用户的表达中诞生，当他们认可了某个产品或某种生活方式后，更多用户会参考他们的选择，从而影响到更广泛的人群。

总结下来，对于企业而言，值得重点关注的超级用户大致可以分为以下四类：

- **专家型用户**：善于钻研、亲身体验，能代表最挑剔和刁钻的消费者；
- **品牌的忠粉**：他们是最愿意帮助品牌和产品变得更好的人，也是品牌的民间代言人；
- **热衷于尝鲜的用户**：广泛使用各类新品，了解最新的趋势，也了解竞品，甚至是跨品类的竞品；
- **在社交媒体等环境有更大影响力的人**：他们不仅具有传播力，也是大量信息和反馈的集散地，可以代表更多用户的声音。

当然，寻找以上几类超级用户时，我们强烈建议要关注一个重要的条件：**他们是否是你真正的目标人群**。因为，即便建议再宝贵，一个品牌或者一个产品也无法取悦所有人，重要的是，我们需要回到目标人群之中，找到这群人向往的生活的先行者。

关注无观测状态下，实时的、规模化的捕捉

我们上面介绍了深度沟通目标人群的先行者，从对谈中捕捉激发瞬间和隐性需求的重要性，但是，访谈式捕捉仍然是有干扰的、可能存在偏差的，所以，我们仍然需要一些其他视角进行补充。

对比用户访谈结果和观察他们实际做出的决策行为，常常可以发现，二者之间存在着偏差，当人们进入被观测的状态时，难免希望呈现出更好的自己，会有一些潜意识的选择性表达和修饰；与此同时，访谈的环境也远离了真实的生活和决策的环境，被访用户很难完整回忆起每一个过程和细节。

此时，我们更需要一些无观测状态下的行为数据，**需要将有干扰的问答过程，变成无干扰的对用户实际行为的观察。**

比如，在小红书上，有经验的企业会观察用户对广告笔记的阅读行为，哪篇广告的点击率高、是否进行了深度浏览、浏览后是否被激发出下一步的行为。这篇被选择、被认真阅读和激发出下一步行动的广告笔记就是一个很好的观测点。因为用户的主动行为背后，常常是自我的真实投射，本来需要用语言描述出来的向往的生活，此刻变成了对投射的投票。当企业观察用户喜欢点击、点赞、收藏、评论、分享的内容，以及进一步激发出搜索、购买、关注等行为的内容时，**用户向往的生活就从抽象变得具象。**

另外一个很好的观测点是搜索行为。以冲锋衣为例，企业主往往只观察了本品牌或者本产品的用户搜索行为，但如果向这些搜索词的上游去探寻，就能描绘出冲锋衣兴趣用户的搜索决策路径，比如有相当一部分用户在搜索冲锋衣时，正在做户外徒步的旅行攻略：

🔍 川西旅游攻略 → 川西小环线5天 → 徒步 → 徒步穿搭 → 冲锋衣 → 某品牌冲锋衣 → 川西徒步冲锋衣 → A和B冲锋衣对比测评 → A品牌冲锋衣 → A品牌冲锋衣L款式

如果企业只在冲锋衣品类里做研究或者小范围访问部分用户，就很难发现，原来2023年7月冲锋衣的搜索需求快速增长，是受川西旅游趋势所带动，而这个趋势在 2024 年的 7 月又再次爆发。进一步地，企业也很难在用户还在查找川西旅游攻略的时候，就抢先一步为自己的产品种草。

这样在无观测状态下、更真实的自我映射

"川西"搜索量

2023-7　　2024-7

和主动"投票"行为，每天都在发生。这些行为构成了很值得关注的"捕捉点"，让企业有机会领先于市场发现新的机会。

保持敏锐，让捕捉成为日常动作

最后，当企业决心从用户的表达中捕捉机会时，一个经常面临的现实难题是：即使关注超级用户，企业也并不能提前判断到底哪个用户的表达会帮助企业找到真正的机会，以及在找到机会之前需要投入多少时间关注用户的表达。

针对这一问题，多家种草成功的企业不约而同的做法是：将关注用户的表达作为团队成员的日常工作。比如，有的企业会要求团队每人每天要刷 1 小时小红书；营销内容发出去后，营销团队都要记录并回复所有有价值的用户评论，**让团队成员浸泡在用户表达的环境里。**

虽说我们并不能轻易判断什么时候会找到值得行动的机会，不过大多数"过来人"的经验是：只要你行动起来，大量浸泡在用户的表达中，几乎马上就会发现能被修正的误区，机会将不断出现在面前。

以挂耳咖啡新创品牌永璞为例，创始人铁皮叔叔在一次接受媒体采访时表示,他们坚持不用外包客服,因为只有内部的客服才能耐心沟通,搞清楚用户反馈背后的原因,将发现的问题和建议高质量地传递到企业内部。

永璞在复盘工作、讨论项目时,也要求团队小伙伴不能仅仅看数据、讲数据——当销量好时,除了看到数据增长,也要展示用户的表达,到底是什么东西打动了用户;销量不理想,也要展示用户的表达,是产品不够好,还是产品的卖点没能让用户感知到。用户的表达在一切与决策相关的环节会被反复用到,捕捉到的信号在团队成员之间彼此碰撞,渐渐地,团队成员会与用户建立起共识,也更容易识别出有价值的表达。

在访谈和调研中,我们能很明显地看出传统企业与先进的种草型企业在"捕捉"上的差距:

▶ 研究课题	传统做法	种草型企业的做法和优势
判断市场规模和机会	**基于品类或赛道的历史数据** ○ 更容易验证普遍性,但结论普遍滞后 ○ 常局限于对现有产品的升级	**通过捕捉超级用户的激发态,发现隐性需求** ● 更早期、预测性更强、更能找到跨品类的创新机会
验证产品卖点或传播角度	**定性调研** ○ 成本高,样本有限 ○ 观测的状态下,用户的表达可能失真	**与超级用户深度沟通,并以主动行为数据实时补充** ● 更贴近真相、更能避免个体差异、更能回溯用户行为背后的原因和路径
消费者追踪	**自建CMI团队或和外部公司合作,定期输出消费者洞察报告** ○ 周期性作业难校准和纠偏 ○ 信息从调研团队向产品、营销、客服团队传递的过程中容易损失 ○ 信息传递周期长,机会容易流失	**把关注用户表达变成团队的日常行动** ● 实时发生、实时纠偏,更容易建立团队对于目标用户的共识

03
理解：拆解激发态背后的根因

"捕捉"发现的通常是一个趋势的萌芽，它的规模很小，还没有被行业内的竞争对手发现，或是被发现了也未引起重视。此时，我们应该如何判断这个机会是否值得全力投入呢？

无法判断捕捉到的需求是否具有普遍性，阻碍了不少企业及时做出产品和营销决策。很多企业在做产品时，也想找到新需求，但最后总是会回到老路上去卷参数。困扰这些企业的，往往是新发现的潜在需求的规模难以证实——我们怎么知道用户某个表达所代表的并不是个例呢？

有一个真实的案例，可以帮助大家更直观地理解这一难点：

一个儿童自行车品牌，曾经在小红书上看到两个可能是新机会的搜索词，"轻便儿童自行车"和"宠物儿童自行车"。

乍一看，这两个搜索词都不值得行动。因为每天的搜索量都只有几百，对比自行车行业其他搜索词，明显太小了。这样的小搜索词很多，根本不能判断哪个会是下一个普遍需求。"宠物"和"儿童自行车"看起来更是风马牛不相及。

但是当我们实际去看用户的相关笔记，回到用户的生活场景中去理解这两个搜索词的时候，会发现：很多父母会一手抱着孩子，一手拎着童车下楼，如果童车能轻便一些，父母就会轻松很多。轻便的儿童自行车，实际上是用户的普遍需要，但是，大多数儿童自行车主打的卖点都是安全，用户也一直受这样的市场教育影响，多数没有意识到"轻便"这一潜在需求，自然就不会大量反映在搜索词上。

"宠物儿童自行车"也是一样的，国内不少养宠家庭都会有孩子，当用户搜索"宠物儿童自行车"时，背后真实的渴望是希望把宠物和娃一起遛。有这个需求的用户群体不小，但大部分人头脑中还没有建立起宠物和童车之间的关联，自然也不会直接搜索相应的产品。

当我们习惯依靠已有的数据，对普遍性做出判断时，常常只能**判断出现象层是否普遍**。

当我们基于对用户向往的生活的了解，对普遍性做出判断时，才可以向前一步，**从原因层来定义是否普遍**。

在上述案例中，用户没有主动表达痛点或者需求，但是当我们还原出这几类用户的生活场景及向往，看到不同人群使用儿童自行车时普遍的诉求时，就能发现新的普遍机会。

人口学标签的失效

一直以来，大多数企业，也都会花时间理解用户、给用户打标签，但是基于标签理解用户在实际工作中越来越不好用了。

举个例子吧，我们很容易这么定义目标用户——

比如，一二线城市、正在住校的大学女生等。按照这种标签分类，大学里同一个专业、同一个宿舍的同学，大概率就是同一类用户。

放在几十年前可能的确如此，如果两个人有共同的经历，很容易做出相似的生活选择，同学、同事会自然形成朋友关系，相互影响。但是，今天，在更多元的生活选择面前，用户喜好更为个人化，在几乎同样的人口学标签下，甚至是日常生活在一起的人，在同一类产品上，也会做出完全不同的偏好选择。

今年，我们通过一项女大学生对于隐形眼镜的偏好调研发现，同一宿舍的4个女生给出了4种不同的答案：有人喜欢大着色直径的美瞳，让自己看起来更有"混血感"；另一个人则相反，喜欢纯透明的隐形眼镜，她希望自己美得更自然、不用力；第三个女生平时热爱Cosplay（角色扮演），会根据角色的需要选择不同颜色和花纹的美瞳；最后一个女生的妈妈是眼科医生，从小的耳濡目染让她更愿意选择框架眼镜来保护自己的眼睛。

与此同时，另一个有趣的现象是：不同背景、年龄段、经济水平的人，也很可能会选择同样的产品和相似的生活方式。

比如服装品牌 lululemon 的用户构成就相当多元化。该品牌定价偏中高端，一件背心在国内要卖到 400 ～ 700 元，一条瑜伽裤可以卖到近千元的价格，从这些基本款服装的定价来推断，lululemon 的购买者应该主要是那些消费能力较强的用户，集中在一线城市。但是，当我们在小红书上仔细观察 lululemon 购买者们的生活状态时发现，其实有好几种不同的用户在购买 lululemon：

有的用户，高度认可 lululemon，只要 lululemon 出了新品，就会买下来尝试；

有的用户，只买 lululemon 的爆品，某款服装成了爆品，才会成为他们考虑的选项；

有的用户，更在意穿搭风格，他们关注 lululemon，是因为以 lululemon 的风格为核心，形成了几种穿搭风格；

也有的用户，会用 lululemon 奖励自己。

……

显然，这些用户跨越了不同的年龄、阶层、工作状态和居住地区，无法被一个单一的人口学分类标签所定义。

在我们看来，基于人口学标签理解用户的方式之所以会渐渐失效，主要原因是这些标签强行把人们**"假象同化"**了，用人口学标签来分类用户的前提假设是：具有相同的人口学标签的人会喜欢同样的东西，过着差不多的生活。而这个前提早已发生巨变。商业人类学研究机构睿丛咨询的合伙人、副总经理何煦博士观察大量当代用户的表达行为发现，当身边的人不再必然选择相似的生活时，在线上发出自己的声音，更容易找到有共同爱好的人。这也是用户更偏爱线上表达的原因之一。

在人口学标签渐渐失效后，企业开始摸索如何用新的方式来理解用户，比如很多平台推出基于内容偏好的兴趣标签。人们每天在手机上浏览大量的内容，有的快速滑过，有的长时间观看，有的点击了不喜欢，有的持续追更……用户的每一次选择后，平台都会给用户分类，并打上一个兴趣标签，比如篮球兴趣人群、某品牌兴趣人群、短剧兴趣人群、礼赠兴趣人群……在预想中，这些兴趣标签效用强大，能帮助平台提升内容分发效率，还能帮助企业将产品推广与内容结合，通过兴趣标签投放给高适配度的人群。

但是，兴趣标签也仍然有局限。

一方面，人们的内容兴趣与消费需求之间的映射存在偏差，有时候用户被一个博主的美貌吸引，点击进去发现她在介绍彩妆，于是系统就给该用户打上了彩妆兴趣人群的标签，但事实上用户可能并不需要彩妆。

另一方面，兴趣标签的稳定性较弱，因为兴趣标签反映的是即时行为，即便用户真的想买彩妆，种草后在一天内快速完成了购买，这个兴趣标签就失效了。

还有一点，所有的同类型品牌都在用近乎相似的方式竞争同一群兴趣人群，赢得竞争会变得越来越难，成本越来越高。

在本章开篇，我们讲到了种草的关键是理解用户向往的生活及其背后的驱动因素。为此，我们找到的解法是：用生活方式来理解人。事实证明，这是一种更稳定、有更长有效期、更能帮助企业错位竞争，打开天花板的理解人群并做分类的方法。

还原生活方式，从理解现状到理解向往

什么是用生活方式来理解人？在我们看来，用户需求的差异，与其说来自人口学标签的差异，不如说来自生活方式的差异。

小红书的"生活方式人群"项目，是基于用户在小红书上表达出的生活方式、生活向往，尝试对人群分类的实践。我们以一组关注养生的人群为例，拆解"需求驱动"的逻辑：

养身韧体人群

养身韧体是围绕人们进行身体养护展开的生活方式，核心在于人如何看待并对待自己的身体。

在此基础上，我们根据人们看待身体的不同方式，识别出身体的三重属性，分析养身韧体生活方式的三种核心驱动：

● 身体的基础功能属性

首先，从身体的基础功能属性出发，身体是人们进行生产、生活的"工具"。注重这一需求的消费者，更看重维持身体各项指标的正常运转并保证其可持续，使其能够支撑自己需要的工作和学习。

● 身体的体验属性

其次，从身体的体验属性出发，身体是人们感知世界、保持与外界持续互动的载体。人们通过身体感受时空、五感情绪以及完成特定活动。注重这一需求的消费者，他们看重探索和体验，需要让身体不拖后腿，有足够的能量去支撑他们丰富多彩、较高强度的体验。

● 身体的表达属性

最后，从身体的表达属性出发，身体还是人们进行自我表达、魅力展现的重要通道。注重这一需求的消费者，他们希望通过身体的美丽活力状态展现出自己的个人魅力，会在意身体美丽和各处细节的保养，保持自己的年轻和吸引力。

同时，在不同的生命阶段，身体的具体需求和表现也有差异。因此，我们将青年、中年、中老年三个不同的生命阶段结合以上三种驱动来拆分人群。

养身韧体人群一：爆肝青年

人群

心脏的问题最重要，一直以来心率过快，以前长期熬夜，半夜会有心跳停顿的感觉，很难不让人有猝死的担忧。

——杨同学，24 岁，研究生在读，北京

生命阶段

18 ～ 25 岁。起步期，以大学生或刚进入职场的社会新人为主，重心在个人的发展。

需求一 ▍ 针对性补救

脏器等严重问题较少出现，更多集中在部位"劳损"，需要对眼部、头皮等进行针对性补养。

★ **典型生活场景示例**

缓解眼疲劳：工作/学业原因高强度用眼，通过护眼产品助力缓解用眼过度带来的眼睛不适。

#用眼健康
#叶黄素

日常养发：通过针对性的保健，应对高压作息和情绪焦虑，给头发创造更好的生长环境。

#脱发
#生发好物

需求二 ▌ 特殊时刻急救维稳

年轻群体，身体自身并不存在大问题，但因作息不规律、熬夜、重口饮食习惯、考试、竞争压力大等问题，追求补偿式、快速见效、易得的解决方案。

★ **典型生活场景示例**

高压急救：学习/工作中的关键期也是健康状态的考验期，通过保健辅助调理身心状态的平衡。

#经期调理

"大考"前冲刺：备"考"节奏紧张，需要大脑持久续航，保持记忆力及专注力，稳住最佳工作/学习"考"前状态。

\# 记忆力
\# 健脑

熬夜吊命：通过营养补充，缓解身体在熬夜赶论文/加班中不可避免的被动消耗。

\# 加班熬夜
\# 熬夜党必备

养身韧体人群二：高能青年

人群

对我来说，身体状态是以熬夜、喝酒或者做完这种比较高消耗身体机能的活动之后的第二天的反应来判断的，看身体状态是否出现了警报。当我进行完这些活动之后的第二天，如果还能正常地进行一些社交活动的话，那我会认为我最近这段时间的身体和精神状态是比较不错的。如果我第二天感觉到浑身乏力以及没有食欲之类的，我会觉得身体是一个亚健康的状态。

——Jerry，27 岁，设计师，杭州

生命阶段

探索建设期,重心在探索和体验世界,不希望生活琐事占据太多时间,困在日常。

需求 ▌ 高效方案,快速见效

生活方式和场景多样,愿意不断探索、体验和尝试,身体是他们最大的感官容器和体验载体,不能拖后腿,时间不要花在过程上,最好能够高效、一站式解决长期维护的问题。

★ 典型生活场景示例

全能续航:通过全面高效的保健方案补齐生活所需营养,为自己的高能生活长效续航。

#小绿粉
#定制营养包

移动中的肠胃保护:高速流动,场景频繁切换导致饮食和作息不规律,希望强化肠胃能力,快速适应新环境新饮食。

#益生菌
#调理肠胃

新中式高效养生：接受中式的"长期"理念，但是不愿意花时间研究、实践，期待以科技智能的方式来高效优化体验。

#打工人养生
#电热艾灸垫

养身韧体人群三：高消耗中年

人群

应酬喝酒多，我们单位体检，男士 10 个进去，8 个都是肝不好、胃不好。
——刘先生，40 岁，建筑行业，合肥（睿丛定性数据库）

生命阶段

35 岁以上。多为已婚有孩，日常忙碌，跟工作、生意相关的社交往来、应酬多，争取事业上的拓展和更高的经济收入，为家人创造更好的生活条件。

需求 ▌在高压高强度下保证身体健康

身体承受高压，但是没有太多时间精力来精细养护，而且"大病"会给家庭和事业带来巨大风险。"排害""防伤"成为必需。

★ **典型生活场景示例**

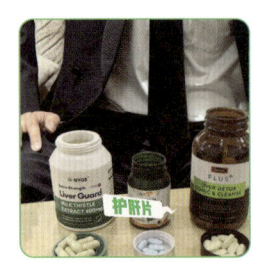

应酬不伤身：参加应酬/社交活动前后保护好肝脏，减少酒及不健康饮食带来的身体损伤。

#护肝
#解酒好物推荐

"大病"日常预防：高压环境下，提前关照好身体器官的健康，更好应对潜在的发病风险。

#生活必备保健品
#纳豆激酶

以上就是养身韧体生活方式下8类人群中的3类。小红书的生活方式人群是怎么定义出来的呢？项目组采用人类学的研究方式，从用户的向往及其底层驱动来判断他的生活方式。

以"运动焕活"这类生活方式人群为例，直接观察到的现象是：有人选择在家里花20分钟锻炼；有人坚持去健身房"撸铁"；有人喜欢尝试一些新奇的运动，比如攀岩；有人参加了跑团；有人选择挑战登顶雪山和难度极大的越野跑；有人选了更为平静的瑜伽和普拉提。

如果进一步思考他们的底层驱动，**思考他们向往从运动中获得什么**，能帮助我们更深层地理解他们是怎样的人、向往什么样的生活方式，自然也就更容易判断他们所需要的产品和服务，以及行之有效的沟通方式。

顺着这个思路往下拆解，会发现喜欢"运动焕活"生活方式的人群中，普遍存在六大底层驱动力：

驱动一：**强身健体**。这是人们运动最基础也是最直接的动力。运动能让个人身体（关节、肌肉、机能等）得到规律性的练习，从而保持健康生活好状态。在这种驱动影响下的人，期待通过运动在高压快节奏的生活中维持身体焕活，保持精力，但同时，他们也不愿意在运动上投入过多时间精力，因此会选择低成本的规律运动来维持自己的身体健康，这群人被叫作"轻松健体派"。

驱动二：**美体塑形**。运动还能改善体态，塑造更理想的身形线条。在这种驱动影响下的人，注重通过运动精准塑造身形线条，认为这是整体美丽的关键，这类人是"线条雕塑师"。

驱动三：**运动乐趣**。运动本身是一种乐趣的来源。对看重这类需求的人来说，运动是天性的释放，他们愿意从各种形式的运动中创造乐趣，享受盎然趣味。这类人是"寻乐运动派"，他们不喜欢重复的、枯燥乏味的运动方式，更喜欢探索有趣的运动体验。

驱动四：**社交联结**。运动还提供了一个与他人联结的方式。对这类驱动下的人群来说，运动是"桥梁"，看重在运动中增强与朋友及社群的联结，甚至进入新圈子、拓展新可能。他们会找运动搭子，通过积极参与不同的热门社交运动来认识新朋友，比如跑团、约球群等。

驱动五：**突破身体极限**。这部分人希望在运动中实现对身体极限的突破，实现对自我的不断超越。他们通过专业和密集的训练来高效提升自己的身体素质，探索自己的能力边界，不断进阶，他们是"硬核极限玩家"。

驱动六：身心合一。运动不仅仅是肉体上的锻炼，更是一种心理和精神上的练习。对身心合一驱动的人来说，运动是觉察与感知自我的最佳路径。他们期待通过运动，能更深入地感知并调动身体的不同部位和自我的能量，这群人被称为"身心觉察师"。

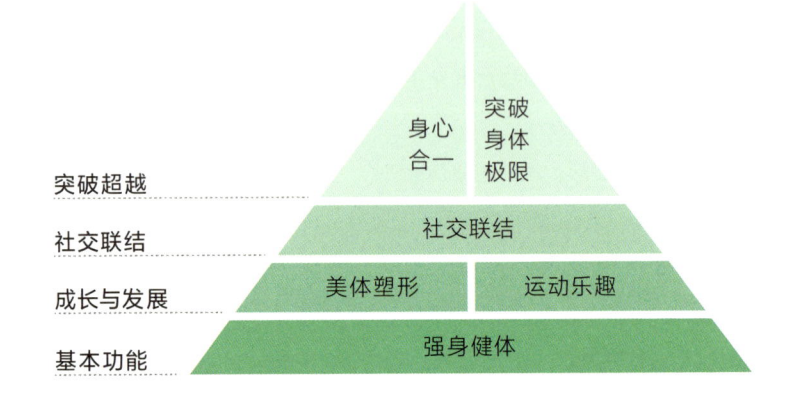

层级	内容
突破超越	身心合一 / 突破身体极限
社交联结	社交联结
成长与发展	美体塑形 / 运动乐趣
基本功能	强身健体

从生活方式理解人还有一个好处，就是在某一类生活方式下，人们需要的解决方案常常是跨品类的、围绕场景产生的。比如今天能满足"高能青年"养身韧体需求的品类，可以横跨"超级食品"、运动补充剂、营养保健品和电热艾灸垫等多个品类，它们分别在日常饮食场景、运动场景、居家场景下满足这群人的高能需求。基于此思考产品和营销，可以帮助企业打开目标人群的上探空间，不仅可以和竞争对手一起在类目中竞争，也能跨越场景找到新的目标用户，实现错位竞争。

总之，生活方式标签不是简单根据用户的喜好进行聚类，而是从用户的行为中解读其背后驱动，并以人的底层驱动为聚类依据。因此相较于人口学标签或者兴趣标签，生活方式是一个更稳定、更长期有效和更能理解用户兴趣背后成因的分类方法。当还原出这些不同的生活方式，你会发现好像能在其中看见自己、家人、朋友、同事，他们鲜活得就像是你日常在打交道的那些熟人，因而你也能进一步推断出他们需要什么、喜欢什么、会被什么打动，从而更容易种草成功。

不断预测、不断验证，直到用户在想象中活起来

当我们理解了一群人的生活方式，我们就能解释并预测这个人群做出的大多数行为、发生的大多数现象，而且不仅仅局限于他们在本行业的消费行为，这才是真正意义上的理解了一群人。实现的方式也并不困难，即不断预测、不断验证，直到用户在想象中活起来。

lululemon 的创始人奇普·威尔逊曾在采访中表示，他就用过类似的方法设想出一个最典型的用户形象——"超级女孩"Ocean，她 32 岁，有自己的公寓，有一份收入不错的工作，喜欢旅行和时尚，她每天锻炼 1.5 小时，喜欢吃健康的、有机的食品，她还养了一只猫，拥有结婚和生育的自由。

奇普说，越具体地想象 Ocean 的生活，越知道怎么去做产品。

比如，Ocean 不喜欢浪费且注重品质，她的衣服最好能耐用、能穿更多年，所以 lululemon 投入了很大的研发费用，让衣服在清洗后不容易缩水和变形。

再比如，Ocean 总是有着更紧凑的时间安排，那么最好能为她省去在不同日程、不同场合之间更换服装的麻烦。她的运动服装要能直接穿去办公。lululemon 就在面料和设计上，让运动服可以更快排汗，更挺拔和精致。

同时，Ocean 爱美，希望呈现自己通过健康的生活方式保持的好身材。于是有了 lululemon 特色的、凸显女性形体曲线的外部缝线。

对超级女孩的具体想象不仅成了产品开发的灵感，也给 lululemon 的营销策略指明了方向：超级女孩爱运动，于是 lululemon 与当地的瑜伽老师、健身教练和运动博主深度合作，高频地出现在超级女孩们运动的场所。lululemon

在门店员工定位上，也不只是将店员看作销售人员，而是同样热爱运动、认同品牌理念的人，请他们通过门店这个渠道成为品牌理念的布道者。lululemon还经常在门店和线上举办各种活动，如瑜伽课程、健身课程和社交活动，让更多的超级女孩聚在一起，相互交流，形成了强大的社群凝聚力。

关于想象典型用户，lululemon 为我们提供了一个很好的示范。不过，只靠想象还不够，想要进一步提高理解用户的准确率，我们会建议你建立一套**观察—想象—验证—修正想象**的工作流程，可以按照下面的步骤进行：

第一，找到最能代表目标用户的一两个关键用户，搜集关于他尽可能多的表达和行为信息，有条件的话直接进入这个人的生活，在生活中直接观察和交流。

第二，尝试解释他的一切行为，找到原因。

第三，如果遇到不能解释的行为，去观察更多的行为，或者获取更多的信息。

重复上述过程，直到可以建立具体的想象，预测他的大多数行为。

接下来，用这个具体的想象来找到产品和营销的灵感，同时在更大范围内对这些想法进行验证。比如借助新的媒介，先简单发布，然后搜集用户的反馈，快速调整。直到有一天，你的目标人群在你的想象中活了起来，你可以高准确率地预测他们的反应与行为。此时产品判断和营销判断会变得更迅速，也更精准。

跳出行业惯性，在生活方式中找到隐性需求

从目标人群中捕捉机会，需要回到他们的生活方式中，去理解他们的向

往和背后的隐性需求。这常常能帮助企业跳出行业中的同质化竞争，找到新的蓝海。

比如，很多企业做产品的惯常做法是：先看看用户此刻在买什么、在关注什么。总是有企业习惯性地认为，那些用户此刻热烈关注的，肯定就是强烈渴望被满足的需求。就像做奶茶的品牌看到喜茶的多肉葡萄爆了，那我也得赶快做个多肉葡萄。这样做的好处是，你的决策有扎实的数据基础，大概率"不会错"。但是，这么做最大的坏处是，你基本不太可能找到新体验，只能成为行业的跟随者，面临同质化竞争的压力。

那么，创新的引领者是怎么做的呢？让我们来看一个案例——小度添添闺蜜机。

常规做电视，会在几个核心功能上做改进：屏幕是不是更大？色彩是不是更保真？价格是不是更低？

2023年上市的小度添添闺蜜机，却没有从这些早已成为行业共识的老功能下手，而是靠着"可移动""可语音操作、不用动手""横竖屏随意切换"的新体验开辟了一个新品类——闺蜜机，上市两个月卖出了1亿多的交易额。

如果我们按照屏幕、色彩、价格这三个要素来看——小度添添闺蜜机只有27英寸，作为电视实在不够大；3000～5000元的售价，也算不上便宜。但正因为发现了独特的生活场景，为用户带来了更优的体验价值，闺蜜机受到了很多小家庭和独居女生的欢迎。

在一个普通用户分享的周末Vlog（视频日志）中，我们看到一个30岁、生活在大城市的独居女性，早上，把闺蜜机的屏幕竖过来，跟着健身视频跳半小时操；到了午餐时间，闺蜜机被拉到了厨房，供她一边看攻略，一边准备午餐；晚上，闺蜜机又来到了挤满泡泡的浴缸旁，陪她一边追剧一边泡澡；睡前，闺蜜机被摆在床头，她在电视的白噪声下入睡。用户在闺蜜机的陪伴下，一个人过了一个假期。

这条笔记获得了 1.3 万的点赞，有很多用户跟这个女生产生了共鸣，纷纷在下面评论：一个人住久了，真的觉得冷清，偶尔晚上还会有点害怕，如果有一台这样的电视，自己到哪里就能拖到哪里，放着电视剧或综艺，会感觉家里多了点人气儿。

小度添添闺蜜机与博主合作的 Vlog，还原了独居女孩宅家的一天

如果从行业现有的销售数据出发理解用户，会容易发现用户在电视尺寸、色彩、价格上的购买偏好变化，却几乎不可能看到越来越多的独居人群对"陪伴式可移动电视"的需求。因为在此之前，可移动电视的认知在用户中尚未普及，用户也意识不到自己原来需要一款这样的产品。

小度添添闺蜜机的负责人说小度（百度旗下的智能科技公司）这个品牌的初心，就是希望满足不同人群在新智能生活场景下的需求。产品名定为闺蜜机，就是希望能够服务好独居和需要陪伴的这类人群，可以辅助健身、K 歌，也可以帮忙办公，在家庭环境中替代平板电脑。为此，他们走进了很多这类人真实的生活场景，最终发现和确认了可移动电视这个机会，找对了和用户沟通的方式。

不只是小度添添闺蜜机，当我们走访那些开发出创新产品、做出品类突破的企业时，有一个有趣的观察是，操盘手中有不少是行业新手，他们在创业前没有做过现在的行业，有的甚至没做过消费品。帮助他们种草成功的，不是专业背景，而是他们离用户更近，更接近空杯心态。

很多做产品的人总是会花更多时间来思考产品怎样能做到更好，但过于聚焦于产品本身，反而使他们越来越远离目标人群。而小红书新品团队跟企业的产品团队共创的时候，发现在走近用户时，"不懂"反而常常成了一个优势，能更充分地接收和理解用户表达的信息，行业知识和经验，有时候反而成为理解用户的障碍。而最终，对信号更敏感、更开放、离用户更近、更果断的企业会胜出。

对人的理解是有复利的。如果你能充分理解一个人群，能够始终对这群人向往的生活有领先认知，很多新的需求、新的体验要素，可以在用户还没表达时就被你提前发现，你更容易不断找到新机会，也更容易不断地做出爆款产品，在一次次帮助用户实现向往的生活的过程中赢得用户的拥护。

04
放大：大范围的复现，实现激发态的传递

如果说，前面我们介绍的"捕捉"与"理解"是发现机会，那么第三步"放大"则是把握机会，将发现的机会转变成实际收益。在这一步，需要企业做的就是通过产品、营销、服务等动作，在更大范围内复制激发用户的原因、复现对用户的激发现象。

放大行动的核心要领是：快且准。

我们常常会看到，有企业好不容易找到了机会，却因为速度不够快，被竞争者后来居上，错失了良机。在今天供应链能力极为强大的中国，一旦你的产品推向市场，用户们会快速意识到需求，产品销量很快就会被市场看到。总有大量的企业盯着市场上销量在增长、取得了用户好评的产品，再迅速复制。而这里面，不乏拥有强大的渠道优势、生产效率优势，以及更多营销资源的竞争对手。

没能在第一时间占领市场的结果,常常就是帮对手做了嫁衣。

所以,一旦发现了新的机会,找到了更好的解决方案,在执行上的目标,就是抢在对手能做出有力的反应之前,成为人群心智的占领者——让用户将一个需求的默认解决方案与品牌建立起牢固的心智联系。

在快速变化的用户需求、激烈竞争面前,捕捉、理解、放大,需要以紧凑的节奏、够强的力度,快速完成。当一群人说到某个产品,提到的都是你的品牌时,品牌心智和用户习惯就会成为你回避恶性竞争的护城河。而当你拥有更好的销量规模来支撑起效率优势,也就有了阻挡后来者的利器。

当然,只有动作快还不够,快且准才是在有限的营销资源下快速占领市场的关键。

那么,如何更精准地快速放大种草效应呢?

"正漏斗"与"反漏斗"

所谓"正漏斗",是企业更熟悉的一种营销做法:先广而告之,被广告触达的人群中一部分人产生了兴趣,产生兴趣的人中有一部分采取了购买行动,人群层层下漏。表面上看,"正漏斗"似乎更符合"快速抢占市场"的诉求,但别忘了,判断种草有效性的关键分水岭在于是否激发了用户,让用户主动推进消费决策的流程。在目标人群、产品卖点、沟通策略都未被充分验证前就将广告大面积铺开,最终可能只是让绝大多数用户看见了,但没记住、没想法,这并不能有效抢占用户的心智。

在种草的实践中,我们发现能更准确、更有效放大破圈效应的方法是"反漏斗":先识别出更有可能对产品产生兴趣和购买行动的人群,这类核心人群规模虽然不大,但他们是种草转化率最高的群体,也常常是品牌最想要拥有的势能人群，用适配他们的内容精准触达，进行种草，充分渗透后，再找到其他高潜兴趣人群继续渗透和破圈。在这个过程中，被种草的核心人群和高潜人群在购买后往往会形成自发的口碑扩散，进一步帮助企业影响到更多的泛人群。

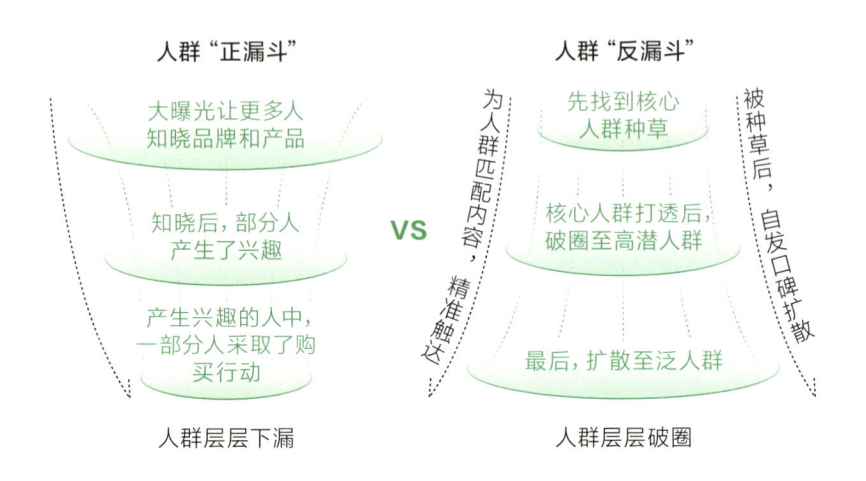

人群"正漏斗"

- 大曝光让更多人知晓品牌和产品
- 知晓后，部分人产生了兴趣
- 产生兴趣的人中，一部分人采取了购买行动

人群层层下漏

VS

人群"反漏斗"

为人群匹配内容，精准触达

- 先找到核心人群种草
- 核心人群打透后，破圈至高潜人群
- 最后，扩散至泛人群

被种草后，自发口碑扩散

人群层层破圈

让我们一起看一个案例，来理解"反漏斗"是如何实际操作的。

乍甸乳业是一个陪伴三代云南人成长的老字号牛奶品牌，但品牌影响力始终难以跨越云南的边界。并且，在乳制品行业，头部品牌的市场占有率极高，乍甸想实现进一步发展，就必须在巨头云集的行业中，找到"破圈"之道。

如果对乍甸的已购人群进行常规分析，会发现乍甸的主力购买人群年龄区间在 19 ~ 35 岁，集中于云南昆明以及周边地区。但如果进一步借助小红书的洞察工具灵犀[1]来分析乍甸的深度种草人群，可以发现，被种草用户正在逐渐辐射到广州、北京、上海等区域。

---

1 灵犀：小红书旗下针对商家选品、调研、卖点投放的数据平台，旨在帮助品牌了解市场机会、内容热点、用户搜索偏好、产品口碑等，从而更高效地进行营销和销售。

品牌深度种草人群区域排行

城市	百分比
昆明	7.71%
广州	4.55%
北京	3.93%
上海	3.73%
深圳	2.82%
杭州	2.62%

昆明地区是购买核心区域
高潜人群逐渐辐射到广州和江浙一带

忠实客户年龄
主要集中在19～35岁

年龄段	占比(约)
19～22	32%
23～25	23%
26～30	23%
31～35	17%
36～40	12%
42以上	12%

老客从小喝到大
通过客户后端二线私域数据统计，忠实客户年龄主要集中在 19 ～ 35 岁

进一步分析具体的用户笔记，就不难看到，这些活跃在其他地区的乍甸种草用户有不少是在云南长大的孩子，因为乍甸牛奶曾经是云南省红河哈尼族彝族自治州学生奶的指定来源，当地几乎 90% 的孩子都是喝着乍甸牛奶长大的。长大后，这些孩子奔赴全国乃至全世界，但对这个陪伴自己度过童年的品牌，仍然有着很深的记忆和感情。

> @黄土坡知名ETC：
> 乍甸牛奶我的最爱！希望更多的地方卖乍甸牛奶 🤩
>
> @nomo：
> 云南人认证！从小学就开始喝的酸奶真的好喝！乍甸是我们那儿专门产乳品的一个小镇，都便宜好喝添加少。云南其实有很多很好的品牌！而且乳制品也很多！从小嘴养刁了，出云南就没有我满意的牛奶了😭😭😭
>
> @甜茶：
> 这个牛奶是个旧的，所以个旧会比较多，我们小时候订奶卡每天都取一袋

关于乍甸奶的共同回忆激发了共鸣，在小红书出现了许多 UGC

"昆明地区是购买核心区域""老客从小喝到大""19～35岁是主力人群""生活在外地的云南当地孩子"，结合这些关键信息，乍甸明确了既有的品牌优势：**喝乍甸长大的云南本地 90 后人群，是引爆品牌口碑的核心人群**。这群人不仅更容易重新想起乍甸、购买乍甸，因为对家乡品牌的特殊情怀和记忆，也能成为品牌绝佳的口碑传播者。

找到了核心人群，高潜人群该怎么找呢？首先从乳制品的高兴趣人群里找特征。在分析核心人群的数据标签时发现，这类人最普遍的身份是"大娃宝妈"，她们比其他人群更关注奶制品的品质，于是品牌锚定了高潜人群"关注品质的大娃宝妈"，沟通策略上主打"品质牌"，强调"匠心国货，品质保证"。

同理，泛人群的锚定，则是从洞察高潜人群里找突破。乍甸进一步研究高潜人群的关注点和偏好，发现"大娃宝妈"也非常关注健康、保养，爱买胶原蛋白补剂、抗糖养气血产品等，由此确定了泛人群为"轻养生人群"，种草内容强调"低脂低糖，0 香精 0 色素"。

于是，从 20 万核心人群到 600 万轻养生人群，乍甸成功找到了属于自己

的"反漏斗"人群扩散路径。

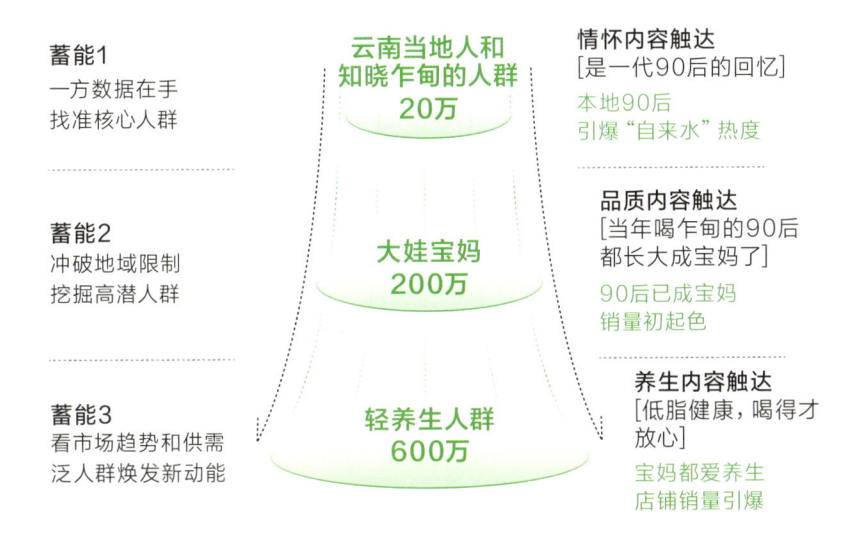

蓄能	人群	内容触达
蓄能1 一方数据在手 找准核心人群	**云南当地人和知晓乍甸的人群** **20万**	**情怀内容触达** [是一代90后的回忆] 本地90后 引爆"自来水"热度
蓄能2 冲破地域限制 挖掘高潜人群	**大娃宝妈** **200万**	**品质内容触达** [当年喝乍甸的90后都长大成宝妈了] 90后已成宝妈 销量初起色
蓄能3 看市场趋势和供需 泛人群焕发新动能	**轻养生人群** **600万**	**养生内容触达** [低脂健康,喝得才放心] 宝妈都爱养生 店铺销量引爆

在"反漏斗"的方法路径中,"捕捉"这一环节的价值被最为充分地利用了。前面说到新趋势、新机会往往起源于一小撮"超级用户"。"反漏斗"的种草路径也正是如此,先打透一小撮核心人群,他们往往是痛点最深的一群人,同时也是需求与产品卖点最为匹配的一群人。所以他们的参与度最高,最容易转化,反映在数据指标上,他们的点击率、互动率、转化率,甚至好评率和分享率都很高。这可以帮助企业确定市场的真需求,以及解决方案的有效性。

"理解"的价值也被充分利用了。当第一批核心人群体验完产品后,企业能够从他们的反馈中(通常存在于售后反馈、商品评价,以及 UGC 笔记中)更完整地洞察这些用户的生活方式,还原这款产品在用户生活中扮演了什么角色,从而判断需求是否普遍,是否其他人群也会有的共性需求,从而找到更大的市场。

更重要的是"口碑"的价值、人对人的影响被最大程度地实现了。怎样让一款产品快速火遍大江南北？十几年前的方法可能是把广告铺遍全国，但今天大家都对"病毒式传播"免疫了。口碑对人的影响不仅更快，也更有效。所以"反漏斗"不只是一种广告投放中的目标人群序列，更是一种能撬动口碑爆发的整合营销策略。

事实上，小红书平台的社区运营团队也采用了"反漏斗"破圈策略。小红书对社区运营有两个基本的认知：

- **社区垂类运营，本质上是人群的运营；**
- **所谓的趋势，本质上是核心人群的行为迁移。**

以如今已经在全国流行起来的骑行运动为例。2022年，小红书的社区运营团队发现，已经有一小群人开始分享骑行这项运动，绝对数量不多，但是增长很快。于是，他们找到了这群骑行爱好者，加入社群，实际体验骑行。在沟通中，他们发现骑行爱好者的一大痛点是骑到中途其实会想歇歇脚，找家咖啡店休息一下再继续下一程，但是这类店铺门口通常都不能停车。

了解到用户痛点后，运营团队开始了行动，他们在全国30座城市找到400家可以免费停车的店铺，打造了骑友专属的骑行打卡路线，骑行爱好者们可以沿着这些路线一边cityride（城市骑行），一边探索各类有特色的店铺。这个活动收到了很多用户和店家的好评，因为它给骑行增添了更多趣味性，也为这些沿街店铺带去了人流。

在第一次的"骑行友好计划"获得成功后，运营团队开始邀请骑行的早鸟人群在社区里分享自己的骑行攻略和心得，为刚对骑行产生兴趣的人群提供对新手友好的入门攻略，同时开始发起轻量级、趣味性的骑行活动，吸引更多人尝试体验骑行。随着社区内骑行的内容和活动越来越丰富，这项运动开始被更多人关注，当更多人加入这项运动后，骑行相关的话题、场景开始在小红书平台迅速发酵，最后，骑行运动从一小群人的爱好，成为一种流行现象。骑行的全民破圈，也直接带动了骑行用品相关品牌的生意增长。

深入早鸟人群，发现骑行爱好者的痛点	提供解决方案，为入门人群提供新手友好的攻略	找到更多场景和话题联动，全民破圈
早鸟人群 解决人群痛点	**入门人群** 提供新手友好攻略	**全民破圈** 将骑行与更多场景做联结

小红书社区的骑行趋势养成计划

总结来说，人群"反漏斗"破圈方法的关键，就是先从最精准的人群开始种草。核心人群能够在早期帮助企业小范围快速验证产品是否适合进一步推广、用怎样的方式推广，帮助企业提高产品上市的成功概率。这样一来，也可以避免以往在"正漏斗"的传播策略下，企业广告预算都花出去了，产品已经广而告之了，才发现产品与用户的预期之间存在差异，或者预想中的营销策略并不能成功打动用户，最终失败退场。

极致的效率，来源于极致的匹配和持续放大最优解

在"反漏斗"这一方法的实际执行过程中，除了找准核心人群、高潜人群、泛人群等不同的人群扩散路径，还需要注意，真正将放大效率推向极致的，是**将目标用户、需求、产品、媒介、内容、体验感知进行极致匹配，以及，在找到最佳匹配策略后，将营销预算持续用于放大这个最高效的匹配策略**。这也意味着，在"放大"的同时，企业需要持续"捕捉"机会和"理解"用户。

我们尝试以小红书上快速崛起的服装品牌羊织道为案例，来帮助大家理解这种做法：

成立于 2021 年的羊织道，如同它的品牌名，主打产品是羊绒、羊毛混纺的中高端针织衣物，成立不到 3 年，已经实现了近亿元的年销售额。

我们采访了羊织道品牌创始人 Jennifer，在她的讲述中，羊织道每个产品、营销、执行策略，都在不断打磨并放大自己的品牌特性及优势。

首先，在产品策略上，羊织道为什么要主打针织呢？

羊织道的目标用户是高知、能在职场和生活中都游刃有余的 30 岁以上的女性。品牌创始人 Jennifer 以自己作为典型用户，在对自我状态的观察上，捕捉到了产品灵感。过了 30 岁后，她发现自己变得更自我接纳、更松弛。但没有一个服装品牌，能够符合她渴望实现的松弛感。

因此，羊织道的目标一开始就很明确：要为那些有了一定人生体验和自我认知，追求松弛感的女性做一个服装品牌。

羊织道选择"针织"，正是因为这种面料有垂感，不用打理也不会皱，能够让穿着它的人真正实现松弛感。

在锁定了针织这个品类方向后，羊织道的核心产品策略，是让针织能适配

更多的时间、更多的场合:比如,针织常常只能秋冬穿,羊织道为了让夏天也能穿针织,采用了棉混合冰蚕丝的混纺技术,做出了夏天也能穿的具备吸汗功能的、清凉垂顺的针织衣物;款式设计上也照顾到了目标用户的场景切换,让衣服上班时能穿,去健身房能穿,临时需要切换到一些商务场合时也能穿。

有了清晰的目标用户画像和高度匹配他们需求的好产品,羊织道在营销上是怎样一步一步实现极致效率的呢?

首先是媒介,羊织道的目标用户有消费力,有鉴赏力,重视自我取悦,这样的人群很多都活跃在小红书上。于是,Jennifer 毫不犹豫地选择了小红书这个媒介作为品牌的主要经营阵地。

进一步,博主是一个很重要的传播介质,要想有效影响目标用户,关键是先要选出合适的博主、给博主搭配对的品、通过好内容正确地传递品牌理念。

怎么选择合适的博主呢?

人群中那些持续传递松弛形象的个体,常常是松弛感生活方式的代表,会成为向往这种生活的用户关注和学习的对象。在羊织道,每一名做内容的员工都要花大量时间去看一个博主过往所有的笔记内容，来确认她的身份标签和生活方式：她住在哪个城市？是高级白领还是全职妈妈？从她每天的生活动线，还原她的人设，然后和羊织道的品牌以及产品去做匹配。

只有感知到博主的生活方式和品牌核心消费者是匹配的，她产出的内容才能真正打动消费者，唤起消费者对生活的向往，从而影响购买决策。

根据羊织道的分享，这个过程中并没有什么秘诀，"其实要足够深地了解博主，只能用笨办法——花时间去看，一直到说出某个博主的名字，我都能报出她最近去的一家餐厅"。

比如羊织道选择董洁做代言人，就是因为做功课后，认为她是一个符合羊织道渴望传递的生活状态的超级代表。

有趣的是，当羊织道决定签约董洁时，每月销售额还不到 100 万元，董洁作为具有国民认知度的明星，代言费用又远比其他博主更贵。而且当时董洁刚刚开始尝试带货，并没有什么经验。营销团队内心的紧张和忐忑，在董洁发布笔记前的那一瞬间，达到了高峰。因为毕竟只要笔记一发，"效果好不好，这个钱都没了"。

结果，那条笔记一发布，羊织道的销量就被快速拉上了一个新的台阶。这又一次证明了只要人是对的，商品是对的，大概率能成。董洁也带出来了羊织道的第一个爆款产品——U 领针织"微笑衫"。

找对了人之后，怎么能让博主做出好内容呢？

视觉呈现是让用户感知到羊织道产品核心体验的主要方式。因此，在羊织道发给博主的需求细则里，重点是要描述清楚一个画面，要包含几个要素：

第一，要符合羊织道用户向往的生活。

具体说来，就是有质感和松弛感。

质感是光影与构图的高审美，让生活表达更风格化和精致。

松弛感的关键是要不刻意，看起来像抓拍而非摆拍，要让博主在运动的过程中完成拍摄，甚至于人像可以因为运动而轻微模糊，轻微模糊的动态感也能呈现出松弛感。

第二，是传递出符合用户认知的审美风格。

比如羊织道主推的南法度假风系列。为了搞清楚到底什么是用户眼中的南法度假风，羊织道的团队花了大量时间调研，搜集用户在法国旅游的图片、法国博主的穿搭，最终提炼出法式风的要素，比如拱门、真丝发带、编织、珍珠耳环等。这些会变成博主拍摄时出镜的元素，保证产出内容有法式味道。

法式风格也有一个要素是碎花，但羊织道不会选择碎花，因为这个要素常常会用在吊带、修身裙等产品上，太紧身了，不符合羊织道期望的松弛感。

因为有清晰的品牌定位和要服务的人群，羊织道在诸如此类的取舍上非常果决。

第三，针对博主的风格和特点，选择更容易搭出好效果的衣服和搭配。

经过了这些流程的内容不仅可以吸引到对的人、获得种草效果，也始终如一地传递出了羊织道的品牌调性和品牌理念。

到了这一步，种草之旅还没有结束。羊织道的夏装价格普遍在 600～800 元，冬装在 1000～2000 元。在小红书上，会有一些用户觉得羊织道贵。Jennifer 和团队会认真地看这些反馈，并与用户沟通。后来他们发现，用户口中所说的贵，其实是衣服质感和价格之间存在差距，因此，羊织道的调整方向不是降低价格，而是通过持续提升材质和设计，让用户在拿到衣服的那一刻，就觉得"贵得有道理"。Jennifer 说："我下个月又要去内蒙古了，我要去考察牧场，找最好的羊绒供应商聊聊。"

目标用户 （是谁）	有了一定人生体验和自我认知、追求松弛感的女性
需求 （是什么）	穿出"松弛感"
产品 （如何满足）	○ 有垂感、不用打理也不会皱的针织材质 ○ 能帮助用户轻松穿行于各种场景下的款式设计
媒介	○ 经营媒介：目标人群的聚集地——小红书 ○ 传播媒介：生活状态有松弛感的穿搭博主和明星
内容	○ 画面质感：更精致的构图，提高审美表达 ○ 画面松弛感：通过行进中抓拍的方式来实现 ○ 画面场景感：拆解人们向往场景中的关键要素，在画面中复刻和表达
体验感知	通过持续优化面料、混纺技术和设计，让产品的价格和用户的感受相匹配

羊织道的目标用户、需求、产品、媒介、内容、体验感知的匹配思路

在确定了精细化的匹配策略后，通过流量放大就是一个相对容易的任务了。不过，很多专业做投放的从业者，可能不太认同"容易"这个词，因为投放盯盘工作其实是非常繁重的。在竞价广告中，有一个大家所熟知的方法，叫作"赛马"，是指广告投放人员通过穷举法找出各种人群和内容的投放组合，然后建立广告计划，让这些投放组合通过流量放大后跑出去"赛马"，其中转化率更高的广告计划将会获得更高的广告预算倾斜。在这个过程中，他们需要一边实时观测"马儿们"的表现，一边挖掘"新马"，然后不断调整出场策略。

在这个机制下，因为负责广告投放的专业投手对品牌理念、产品特点、目

标人群没有足够深的理解，所以他们通常会尝试无数的匹配形式，找到上百匹"马"，然后用数据来试出好马。这是在今天的广告投放中非常普遍的做法，但是这样的方式不仅需要高昂的内容制作成本和流量测试成本，"废马"率很高，也很容易因为在同一时间用各种形态的内容瞄准不同类型的人群，导致品牌心智和产品心智的涣散，"赛马手"的工作也因此繁重不堪。

如今，"种草心法"提出一套更成熟的做法，能快且准地完成放大这个动作：

1. 采取人群"反漏斗"的方法，找到品牌的核心人群、高潜人群和泛人群，从核心人群开始渗透，逐层破圈和打透；

2. 明确了人群策略后，从每一层的目标人群出发，进行极致的需求、产品、媒介、内容和体验感知的匹配。不同人群需求不一样，对于产品、媒介、内容和体验感知的偏好也不同，因此一开始从目标人群出发，把策略匹配的工作做在前面，用"理解法"代替"穷举法"，能帮助企业节省大量试错成本；

3. 最后，记得将广告预算用在效率最高的人群和匹配策略上，一旦验证成功，就快速放大，在竞争对手加入之前，快速抢占心智。小红书已经有了产品工具可以自动将广告预算用于"最佳人群 × 内容策略"，帮助"赛马手"减轻工作负担。

05
激发：找到参与动机，借助用户的力量形成自传播

人们有时会开玩笑说，好希望能拥有"被动收入"，可以不用依靠长时间的工作来换取金钱，躺在家里也能有源源不断的稳定收入。

激发，就是种草创造"被动收入"的环节。

为什么这么说呢？让我们来看一个非常有代表性的案例——肯德基"疯狂星期四"。

"疯狂星期四"是肯德基推出的一项每周四的特价优惠活动，从 2018 年开始持续至今，每周四，肯德基都会提供多种优惠产品套餐，比如，9.9 元的黄金鸡块、29.9 元的吮指原味鸡等。随着时间的推移，"疯狂星期四"从一个简单的促销活动，演变成了一个网络文化现象。网友们会在社交媒体上创作各种幽默的段子，通常以吸引人的故事开头，最后以请求他人请吃肯德基"疯狂星期四"套餐作为结尾，成为一种新的"文学风格"。在小红书，我们能看到

大量用户自发创作的"疯四文学"。

"疯狂星期四"演变成当代打工人的"疯四文学",这些表情包都来自用户的自发创造

在"疯四文学"网上大火之后,营销人从各种角度讨论过"疯狂星期四"这个 IP,但在看到数据之前,可能大部分人还意识不到,"疯狂星期四"对肯德基来说是一个如此稳定分红的"营销投资型"产品。

从下图我们能看到,直到 2023 年,每到周四,"疯狂星期四"的搜索就会迎来一波高峰,而且直接带动了肯德基的主品牌词每周一次稳定的搜索波

从搜索来看,"疯狂星期四"为肯德基品牌每周带来一次搜索高峰

有搜索动机
每周菜单、解压文学梗

"疯狂星期四"的搜索指数趋势

从有曝光笔记数来看,"疯狂星期四"为肯德基品牌贡献了超16%的新增笔记数曝光

有发布动机
二创难度低、有观众

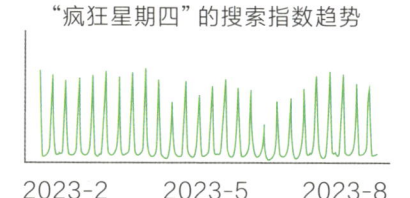

"疯狂星期四"的有曝光笔记数趋势

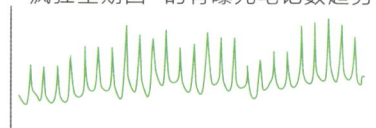

每周一次的"疯狂星期四"为肯德基带来了以周为循环的搜索高峰、阅读波峰,以及围绕"二创"分享的发布动机,这样的粉丝复利,为品牌带来源源不断的曝光机会

峰。与此同时,"疯狂星期四"还在为肯德基贡献新的"自来水"笔记和笔记阅读高峰。这些用户自发的传播,为品牌带来源源不断的曝光机会。

"疯狂星期四"**是用户被激发后带来的主动种草效应,它能发挥的力量远比我们以为的更大。**

我们前面曾提到,种草的重点在于激发用户的主动行为。在我们所处的这个时代,用户的主动行为对企业的价值越来越大,其中蕴含着可以帮助企业成功的巨大能量。因此,大范围激发用户的主动行为也成了种草工作的核心目标。当我们能不断激发用户时,用户能帮助我们影响更多用户,同时帮助我们源源不断地生产好产品。

我们希望最终达成的目标是:**激发用户的主动行为,让用户从价值的消费者,转变成价值创造的参与者。**

这个状态的实现,常常意味着种草的成功。

人们的参与动机

要激发人们成为价值创造的参与者,我们需要先找到这个问题的答案:人们为什么要参与?

为了解答这个问题,我们跟睿丛咨询何煦博士进行了研讨,最终,我们把人们的参与动机由低至高分成了 5 个层级,分别是:获得利益、表达欲、社交影响力、参与感和公共价值。

在这 5 个参与动机之下,企业可以找到自己擅长的切入点,尽情发挥创意。需要指出的是,尽管在种草的所有行动中,"激发"对企业的资源禀赋要

人们的参与动机从何而来？

参与动机浅	获得利益	获得物质回馈、流量奖励等	回馈驱动
	表达欲	因预期之外的体验而产生的分享、吐槽等倾诉欲望	情感驱动
	社交影响力	受人尊重/获得谈资/建立联结	影响力和社交需求驱动
参与动机深	参与感	我的参与能带来好的影响和改变，利他	自我实现驱动
	公共价值	维护公共秩序，理念倡导和宣扬	使命感驱动

求和成本投入相对较低，但是要想真正打动用户，发挥出主动效应，**对于组织者共情能力的要求是非常高的。**

我们以一家红遍社交网络的精酿啤酒馆"跳海"为例，来看看一个拥有极强共情能力的组织是怎样通过充分激发用户，在一条本已拥挤不堪的赛道上弯道超车的。

跳海在 2020 年开业，在很多服务业品牌因为疫情难以支撑纷纷选择关店时，跳海却用 4 年时间在 15 个城市开了 40 多家分店，年营收破亿。目前为止，跳海的每家门店都在盈利，坪效数倍于同行。

创始人二狗介绍，酒馆之所以叫作"跳海"，是因为在签下第一个门店场地的那天晚上，他喝多了，跳进了北京的后海。从此，跳海的墙上就挂着大大的 4 个字——有人跳海。

跳海组织的每一场活动，光看活动名称就已经让人很想参与：

比如**"烟蒂投票"就切中了人们的表达欲动机**。

跳海酒馆内的烟蒂投票机

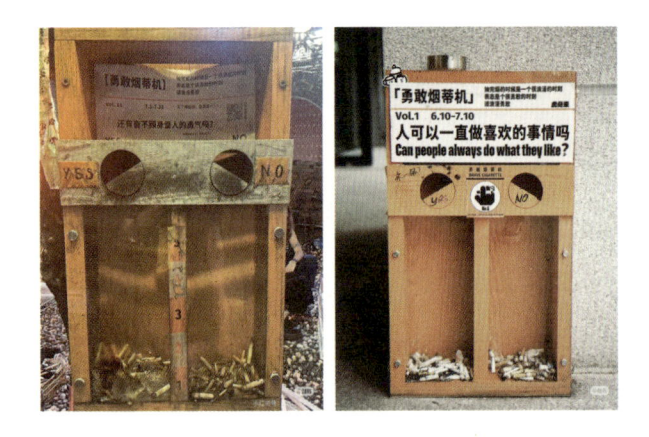

2023 年春节前夕，跳海在酒馆门口做了个烟蒂投票机，让在门口抽烟的人，将抽完的烟蒂投到左边或右边的袋子里，一边代表 yes，另一边代表 no，通过烟蒂来完成投票。在烟蒂投票机上列出了："你今年过年回家吗？""你对世界抱有强烈的好奇心吗？""还有奋不顾身爱人的勇气吗？"……临近春节，

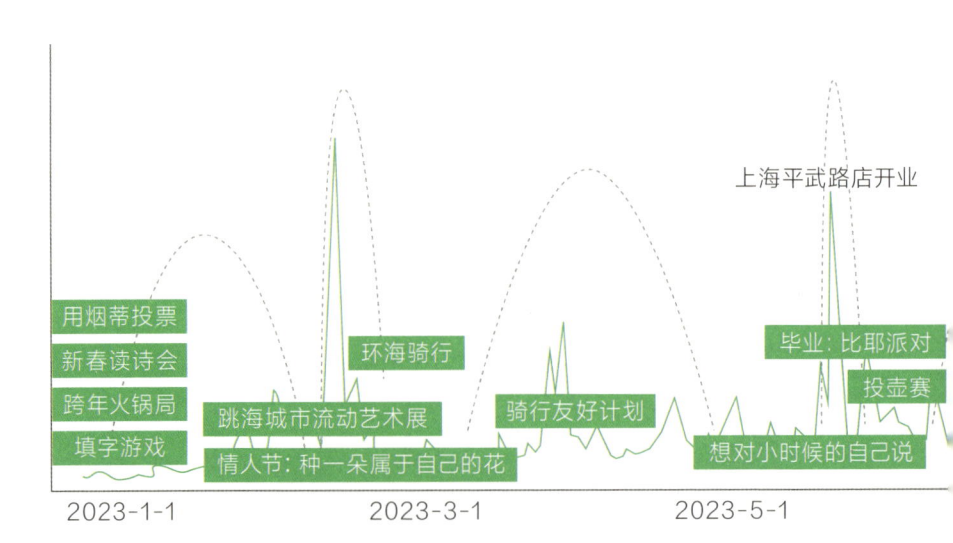

用烟蒂投票
新春读诗会
跨年火锅局
填字游戏
跳海城市流动艺术展
情人节：种一朵属于自己的花
环海骑行
骑行友好计划
想对小时候的自己说
上海平武路店开业
毕业：比耶派对
投壶赛

2023-1-1　　　　　　2023-3-1　　　　　　2023-5-1

这些问句击中了埋藏在人们内心深处的情感点，很多客人自发拍下了这些投票图片在网上传播，成了让更多人知道跳海的小热点。

此外，跳海还推出了让客人自己做打酒师的创意。二狗说，这叫作"吧台开源"，跳海的客人可以自己走进吧台打酒，大多数打酒师也都是客人兼职。打酒师的福利除了啤酒免费，还有组织活动、选择当晚歌单的权利，招待朋友也会有折扣。如今，跳海在全国已经有上万名兼职打酒师，周末的打酒名额要拼手速才能抢到。跳海就这样变成了每一位打酒师的客厅。二狗说："酒吧的第一批顾客肯定是朋友，第二批顾客是朋友的朋友。"

透过打酒师特权，我们可以看到的是跳海精准命中了人们的社交影响力动机和参与感动机。

激发能力强如跳海，在每种用户参与驱动上都做出了属于自己的风格。比如跳海曾举办过一场女性主义画展，是由一位用户参与策划的。这位用户还组织过一个"妈妈女团"，当时，他从北京回到贵州古寨陂鼐，他将当地留守的

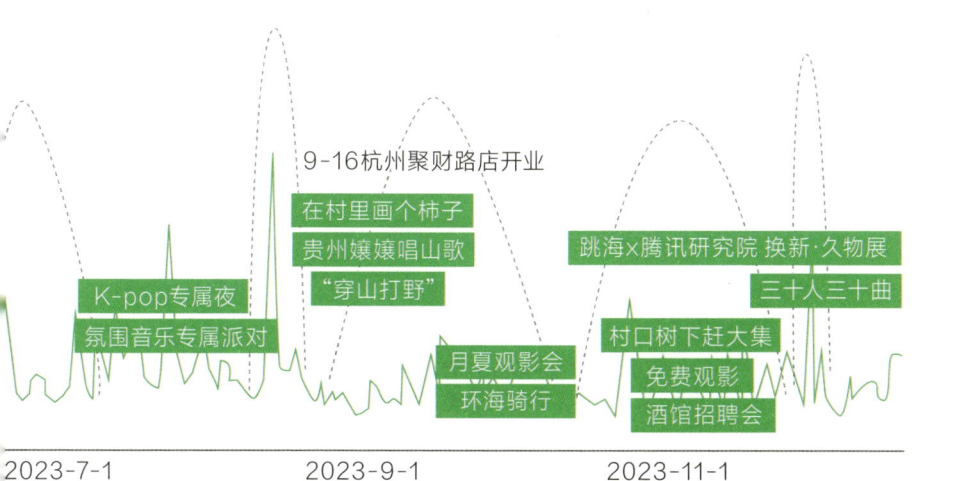

布依族孃孃们组织成了"妈妈女团"。他也帮孃孃们录抖音、请声乐老师排练，也将孃孃们带到了北京，在跳海演唱。在这个现场，跳海的用户和观众们共同"看见"了这些留守的布依族孃孃。驱动他做这一切的，已经不仅是个人兴趣了，**好活动本身的公共价值和使命感给了他更大的激发。**

二狗说，**每个酒吧都有的酒，是酒吧的硬接口，而那些流动的、来自人与人之间关系的、让用户真正爱上跳海的，是酒吧的软接口。**

这些用户不断创造的软接口，就像在平静水面上丢下的石子——在更多用户的心中激起涟漪，让越来越多的人爱上跳海。跳海的价值观是：be water be amateur（成为水，过一种永远业余的生活）。把自己当作容器和接口，能帮助跳海从外部接入共情能力。绝大多数帮助跳海激发了用户的点，并不是来自跳海的设计，而是用户的自发行为。用户爱上跳海后，会希望有很多他们觉得有意义的事发生在跳海。跳海的员工和店长，更多是"许可者"和放大影响的"帮助者"。

把用户端的力量激发出来，借助用户的参与和帮助，企业能拓展的机会和得到的收益可能无限大。

C2B[1]、C2C[2] 生态的无限性

跳海是一个用户参与的极致案例，在消费品中，这样的例子也比比皆是。

百年品牌凡士林，从 1870 年至今，它的主要用途都是保湿滋润、帮助伤

1　C2B：Customer to Business，即消费者到企业，是互联网经济时代新的商业模式，核心是以消费者为中心，消费者从商品的被动接受者变成主动参与者，甚至是决策者。

2　C2C：Customer to Customer，即消费者对消费者的交易模式。

口愈合。然而在 2019 年,小红书用户们群策群力,发明了凡士林的 100 种用法:比如,凡士林可以作为留香膏滴入香水后涂抹在手腕和脖子处长时间锁香;可以用于鼻子和脸颊高光,实现水光肌妆效;美甲前把凡士林涂在指甲边缘,可以防止指甲油沾到皮肤……各种脑洞大开的用法让凡士林关注度猛增,因为,你发现你总有一种理由会需要凡士林。

主打好穿的基本款的优衣库,衣服材质的机能和性价比都很好,但在之前一直难以打动时尚爱好者,直到很多用户开发了 # 优衣库一衣多穿 #,用一件优衣库的基本款衬衣和外套,可以搭出休闲风、学院风、日杂风、山系风、老钱风等不同风格,时尚爱好者们开始发现,原来他们的衣橱里永远都需要一件优衣库。

还记得第一章提到的延安苹果吗?在这个案例中,用户甚至充当了企业营销官和设计师的角色,主动帮延安苹果出营销策略、写文案、设计 logo,甚至还操心起了包装和物流,几乎是自发组成了一支编外的营销和运营团队。

说到借助用户的参与和帮助,小红书可能是最大的受益者。今天大家常说"遇事不决小红书",你有任何问题,不论问题大小和刁钻程度,就算是像"济州岛今天风大吗?""天津火车站有没有储物柜?""我的电动车显示 073 故障编码该怎么解决?""我能看一下极繁主义的家吗?"这样极度细节和个性化的问题,都能在小红书一秒钟找到答案,用户会在评论区帮你支招,这一切都归功于用户的力量。

一个人、一个团队、一个企业的创造力和共情力是有限的,但如果能借助外部数以亿计的普通人的力量,可能性是无限的。

再进一步,人和人之间还会在各种场景下产生各种联结,彼此激发,新的想法、新的传播点又在这个过程中不断生发。

可以说,在 C2B 和 C2C 的生态下,种草是没有天花板的。

回顾**种草的底层心法**——**捕捉、理解、放大、激发**。当这四个行动全部做到位，当对激发态的关注从内而外地渗透到每一个动作和环节中去时，种草会进入一个超级正循环，企业会发现，当你想真诚地做好一个产品，为目标人群提供一个能实现他们向往的生活的解决方案时，会有无数的人来自发帮助你成功。

进入种草正循环

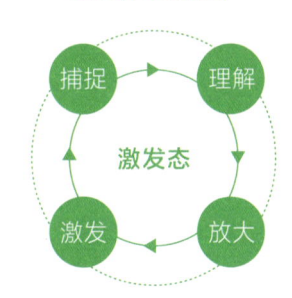

捕捉 → 理解 → 放大 → 激发（激发态）

想要获得帮助，在这个过程中，我们还需要做好两件事：

1. 让直接接触用户的人进入倾听状态——及时回应、关注、共情；
2. 创造更多与用户的接触点。

做好这两件事并不容易，它需要我们为此打造一个"种草型组织"，接下来的第三章，我们便会详细展开如何将企业打造为一个种草型组织。

CHAPTER 3

让种草
在企业内发生

从效率管理能力到建立体验管理能力的转变。

引言
种草对企业管理
提出了新要求

前一章提到，种草要围绕人展开，用捕捉、理解、放大、激发的方法，帮助用户意识到他们向往的生活愿景，对用户决策、购买使用，甚至使用后与他人交流分享的全过程，进行全方位的体验管理。

但光有方法还不够，要想让这一套种草心法在企业内落地实施，通常面临着诸多现实阻碍。比如在很多初创企业，员工与老板的想法难以保持同频。通常是老板捕捉到第一个机会，但随着团队扩大，员工们常常难以像老板那么理解用户。与用户交流时，常常是老板更容易与用户聊出有价值的观点；遇到难以沟通的用户，老板更知道怎么回应和安抚……然而，随着业务压力增加，凡事都要靠老板这种状态是维持不下去的。另外，对于已经有一定业务体量的企业来说，让种草成为决策共识，实现跨部门协作，也常常很难。团队成员基于自己对用户的沟通和观察，从某个用户评论、反馈中找到的机会，往往会被挑战："会不会这只是你自己或者个别用户的主观感受？""资源有限，这个改动太复杂了，你得证明你的预期收益足够大，才有可能得到资源。"

而要论证需求的普遍性，就要回到传统的市场调研和数据搜集那一套路径上去。但是正如第二章所写，新的趋势往往发源于小部分超级用户，大多数用户还没有意识到，数据上自然也缺乏显著表现，因此很难找到足以论证潜在新需求普遍性的证据。

甚而，即使是搜集到了证据，证明了需求的普遍性，但是在实际方案的实现上，一旦涉及审美、情感等难以被量化的体验设计，组织内那些不属于典型用户、难以真正共情用户的人，也难以做出真正符合用户的审美与生活向往的方案。

经过如此复杂且漫长的调研、论证和设计，机会很可能已经过去了。

在理想状态下，我们希望团队能够快速发现、快速形成共识、快速行动。比如，在做营销时，团队一旦捕捉到用户集中反馈的问题，或者发现了用户的好表达，就能够马上调整营销话术、追加预算；如果是针对产品的好建议，产品团队能够立刻配合调整。

但是在现实中，往往一家企业里，可能有人捕捉到了新趋势，却难以说服产品团队调整；可能有人捕捉到了用户的精彩表达，却难以说服内容团队改变内容。内容团队有内容团队的目标，媒介团队有媒介团队的目标，产品团队又有产品团队的目标。

媒介团队并不为内容负责，内容团队生产出了内容，媒介团队就去投放。内容团队被卡在品牌调性、卖点植入、既要蹭热点追风口又要防范舆情风险的条条框框之中；媒介团队能看到不同内容素材在数据指标上的差异——这直接代表了用户的观看体验，却无法有效影响内容团队的调整方向。

在分工日益精细化的企业中，距离用户最近的一线员工往往能够发现很好的机会，但大多由于向上传递和自证的难度极大而作罢。更有可能的情况是，除非老板亲自下场时捕捉到的机会，才有望成为企业的下一次重大创新来源。所以即使有人理解了用户，也未必能在组织内达成共识，推动行动。

结果就是，种草所需的几个要素的匹配，总是不能完成。

传统的团队与管理模式，形成了种草的阻力

之所以在推动种草时会遇到这么多问题，是因为以往企业对团队、对管理机制的选择，很多时候反而成为种草成功的阻力，主要表现在以下三个方面：

首先，在人才选择上，没有选择足够理解用户的员工。

从用人偏好来说，不少企业总是倾向于选择勤奋、产能高的人，但这样的人未必具有真正理解用户的能力。

接触了很多企业的不同员工后，我们越来越强烈地感知到：那些共情能力更强的人，往往对生活也会有更高的要求。他们通常希望工作更有意义感，保有更多的个人空间，坚持将更多人性化的东西、"人感"融入工作中——这些都是对感知用户至关重要的能力，但有时候反而可能会阻碍其工作"表现"。比如，这类员工在汇报时常被认为过于感性；和数据导向型员工相比，他们在短时间内可能难以交付同样的"效能"。

当能够理解用户的团队成员数量不够时，企业就无法有效地从用户的表达中识别出好机会，看不到行动的价值，自然不敢持续投入时间和资源。

其次，在绩效设计上，没有充分考虑员工理解用户的价值。

在工作时间分配上，不少企业总是倾向于给每个员工更多的任务，让他们在各项指标的监控下更长时间、更"高效"地工作。而理解用户——先不说其是否被企业意识到是重要任务——通常都是个"不紧急"的事务，在员工工作节奏越来越紧凑、资源不断挤压的状况下，自然越来越难以做到。

近两年引发大家集体讨论的，不管是外卖行业的"被困在系统中的外卖骑手"，还是咖啡行业的"算法控制下店员的服务困境"，其实都与这一价值取舍有关。

真正好体验的实现，需要员工有心情关注用户。员工有更从容的心态，才会有耐心，将产品、服务做到足够好，再推向市场。

但是短期内提升效率的管理导向，让大家忽视了这一点。长期被称赞"高人效""管理智能化"、成为模仿和学习对象的这类企业，常常在员工情绪积累到集体爆发时，才发现比起效率提升带来的收益，要付出的代价往往更大。

最后，在部门分工上，团队职能过于精细化，缺乏协作与灵活性。

不少企业总是倾向于不断细分部门与团队，其本意是让专业的人专注做专业的事，但结果常常导致每个部门越来越封闭。在分工细化的同时，每个部门常常背上不同的业务目标，目标的不一致导致了部门利益的割裂，又成为阻碍协同的高墙。

要成功种草，恰恰需要企业内部不同的部门协同起来。尽管不断精细化的分工的确会提高效率，通常在市场稳定时，一个人做三件事，的确远不如只做一件事能越做越好、越做越熟练，但是，当用户需求与市场快速变化时，太过精细化的分工反而会导致企业失去面对变化的灵活性。

想种草成功，要从效率管理变为体验管理

当我们希望业务发生改变时，通常只有改变管理，才会成功。因为业务的调整需要组织中的人一起改变和推动，而组织成员往往被管理方式和评价体系所驱动。

种草需要企业的决策者和执行者都长期浸泡在用户表达的第一线，理解用户，借助用户的建议、不断找用户验证，并将其转变成产品、营销、服务的动作。这意味着组织的设计方式需要从上到下做出系统改变。

简单说来，就是用户需要什么，企业就要实现什么，组织就要支持什么。这里的"需要"并不限于"用户已经明确表达的需求"。正如前面章节所述，用户想实现向往的生活，需要企业捕捉到一个个能激发用户的要素，并复制这个要素，使得用户进入激发态。**当用户的需要发生变化时，企业的动作和组织管理就要同步进行变革。**

这一次需要企业在管理上发生的变革，在我们看来，**本质上是从重视效率管理能力到建立体验管理能力的转变。**

以往，更多中国企业习惯以效率作为经营的主要出发点。就像有大量品牌早期是靠更高的性价比，打开了国内的市场；有大量工厂同样是靠效率——他们依托中国的产业链优势和曾经的劳动力成本优势，靠做外贸成为海外品牌的代工厂，完成早期的资本积累，赚取了第一桶金。

在用户消费能力有限时，用户消费的主流倾向是以更低的价格满足基本功能需要，这时效率管理更适应用户的需要，也更容易帮助企业成功。这就要求企业通过扩大规模、提升自动化程度、取得采购优势，不断降低成本，从而将满足基本功能的产品价格降低。

不断提高效率，就成为很多企业依赖的成功路径——过去靠参数成功的，就"卷参数"；过去靠价格成功的，就"卷价格"；过去靠流量成功的，就"卷

流量"。但是很多企业最终发现，竞争越来越同质化，自己也越来越难挣钱。

效率管理，是面向过去的。

效率常常能够更好地解答已知问题（比如价格、成本、产品的基本功能等），而非更好地发现新体验、新内容，解答市场上崭新的甚至是未知的问题。

今天，中国的用户变了。

用户不是不在意价格了，而是不仅仅在意性价比这样的效率指标，同时也越来越在意体验。

对于今天的用户，从学习如何更好生活、了解产品、购买产品，到使用产品、使用后推荐产品、与其他用户交流……每个环节都影响着他们的感受，这些感受共同构成了完整的体验历程，决定了产品所能取得的市场结果。

这就需要企业建立面向未来的体验管理能力。

对企业而言，需要不断发现什么是用户需要的、能打动用户的体验；能对提升体验的价值做出准确评估，判断什么样的体验要求应该满足、什么样的体验要求无须满足；整个组织要能够针对体验要求彼此协同，做出行动。

01
建成体验管理循环，
让正反馈持续发生

一种管理能力在企业建成，常常会呈现出管理循环状态。管理循环通常由员工的行为和企业对员工行为的反馈两大部分构成。在正反馈下，员工不断重复企业希望的行为，使得循环效率越来越高。大多数生存到今天的企业，都建成了一定的效率管理循环，而成为"种草型组织"，则需要企业建成新的体验管理循环，与效率管理循环同时运转。

如何建成体验管理循环呢？这既需要企业从大局出发，看到趋势和变化，又需要回归员工视角，打造理解用户的新型团队。

为了便于理解，在这里，我们将种草型组织的设计思路，总结为一个包含五层要素的"金字塔"：

1. 企业要实现健康发展、赢得长期利润，就要顺应趋势，跟上用户变化的脚步。
2. 市场正在发生不可逆的变化：追求美好生活的用户，孕育了一个越来越大的新市场，在新市场中，用户的体验要求不断增加，并且用户的影响力越来越重要。这一变化，让种草成了企业未来最重要的经营方式。

3. 企业想种草成功，需要团队做出正确的动作，要做好捕捉、理解、放大、激发。
4. 要做出这些正确的动作，就对组织提出了要求：要有人有能力做、想做，也要有资源，且被企业鼓励这样做。
5. 组织无法天然达成要求，要想让组织达成要求，需要有推动者，推动变化发生。这个推动者可能有时候是老板，有时候是员工。

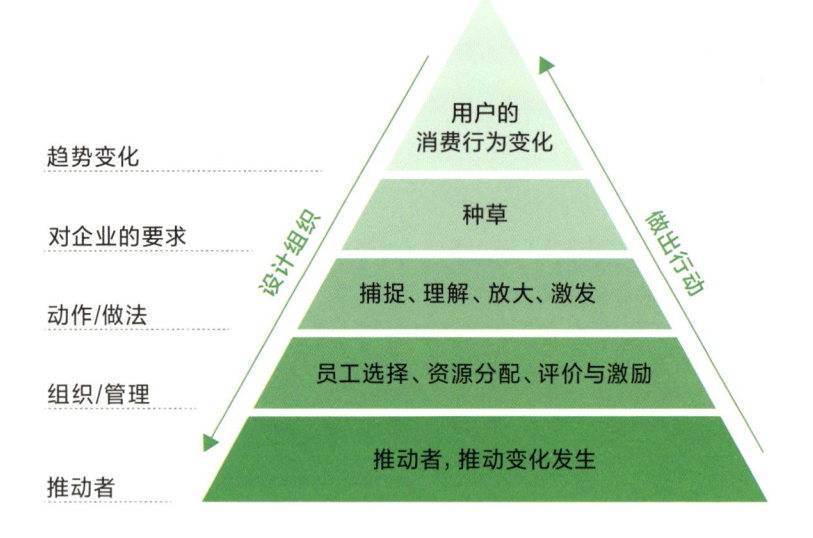

趋势变化 —— 用户的消费行为变化
对企业的要求 —— 种草
动作/做法 —— 捕捉、理解、放大、激发
组织/管理 —— 员工选择、资源分配、评价与激励
推动者 —— 推动者，推动变化发生

（左侧：设计组织；右侧：做此行动）

如同"金字塔"所显示的，企业可以从上到下设计组织，从趋势变化推演出需要的动作、能让动作发生的组织方式和对推动者的行动要求。但在实际行动时，企业则往往需要倒过来，从下到上——由推动者通过自己的行动，借助

组织和团队的管理，一步步让正确的动作发生，获得业务结果。

那么如何成为企业内部的推动者，将团队改组成以提升体验为己任的团队呢？

和种草需要回归用户视角一样，在建立体验管理能力上，我们需要回归一线员工的视角来思考。

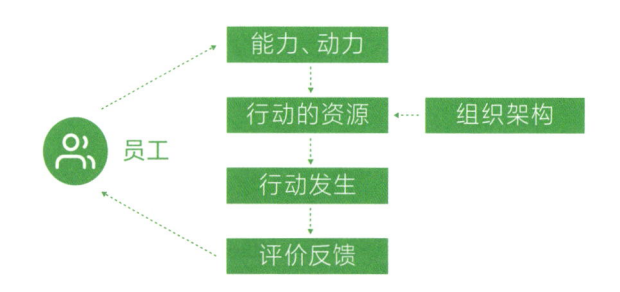

决定组织行为，也就是大部分员工能否做好、做对某个动作的，主要有三方面因素：员工的能力、动力；组织架构；企业对员工的评价体系。

首先，当一名员工既有能力又有动力时，他们会渴望做出某种行为；继而，组织架构决定了员工有没有能做到的资源和权限；最后，企业对员工行为的评价，决定了员工这样做后会不会得到激励，而激励会让员工相应的行为重复发生。

也就是说，当我们希望全面建成体验管理能力时，需要对上述每项因素进行拆分与优化。让我们先来看看这些组织行为的决定性因素在传统企业中是怎样的，换言之，在效率管理循环下，它们呈现出哪些特点。

传统效率管理循环的特点

在效率优先的管理导向下,企业运营往往按照这样一条行动链循环往复:

发现问题→解决问题→形成利润、激励员工

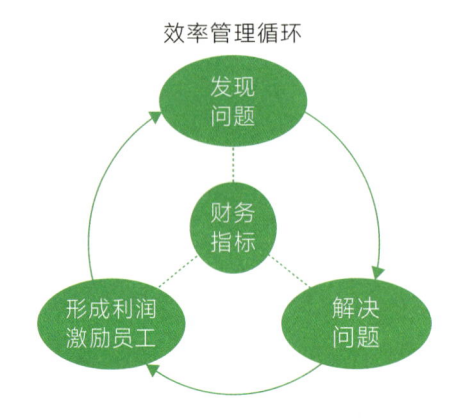

效率管理循环

普遍情况下,效率管理循环行动链中的核心驱动力,是财务指标,以及从财务指标拆解出的其他相关指标;企业通常会基于财务指标,不断发现经营过程中的问题,比如资源浪费、资源未被充分利用、无效的动作等;然后不断通过解决问题,比如用更强的绩效考核挤出冗余、排除无效动作、细化专业分工、精确数据指标等,提升效率和利润,激励员工。

在这种效率管理循环下,好员工通常需要具备的特质包括:抗压能力强、有强大的成功驱动力,对财务激励敏感,能高效率地复盘,能坚决执行复盘的结果等。

有自媒体总结过,最有可能同时具备这几个特质的人才画像为——"小镇做题家"。

对这类员工和效率型企业来说,"给两个人的工资,干三个人的活",是一种对双方都很划算的激励方式。金钱激励,总是更容易激发出强大的执行力:

- 他们可以为工作牺牲更多的生活时间；
- 可以顺应企业的需要长时间出差，服从组织的安排；
- 他们也会把曾经用于学习的总结能力和自制力应用在工作上，自发提高工作效率，以追求更高的回报；

……

但效率管理循环不断运转下去，将会导致企业和员工双双陷入对越来越高的确定性的追求：一切容易证实的业务动作，才是收益有保障的，而用户的深层需求、下一个消费趋势，因为难以证实，相关的行动总是难以得到支持。

于是，员工总是倾向于按照习惯的方法行动，企业也倾向于按照习惯的方式评价员工、分配资源，分工不断细化，定时定量的考核标准不断提高，员工越来越忙，空闲资源被不断挤出，普遍压力过大而不幸福……这样的员工，是不会有心情，也不会有时间关注用户体验的。

我们看到的阻碍种草成功的分工、不断提高工作量、挤出空闲资源等问题，都是效率循环运转的结果。

另外，值得注意的是，在企业原有的效率管理循环下，改变任何一个单点，都可能会被拉回原有的循环：

- 如果我们只改变员工的行为，让员工关注用户体验，但员工得不到激励，就不会持续行动；
- 如果我们只是改变评价体系，激励员工去发现新体验，大多数已经适应了效率管理循环的员工也不知道如何在新的评价标准下工作，在安排任务和接触用户时也难以得到资源。

想要让企业形成种草能力，之所以需要从组织系统上全面解决问题，就是因为循环的状态是稳固的。如果能在效率管理循环之外同时建成体验管理循环，我们会发现这个循环同样是稳固的，也会运转得越来越顺畅，让企业在满足用户的体验上越做越好。

企业需要建立体验管理循环

管理模式的成功转变，不会来自单点变化，而通常是要启动新模式下的管理循环——让组织对有助于提升用户体验的新做法建立信心，让每个人在新做法下稳定地得到正反馈。

比如我们前文曾提到的口腔护理新创品牌 usmile 笑容加，在开发电动牙刷时，他们并不像很多企业那样，本能地先从成本出发，而是先做加法，先考虑怎样能帮助用户更充分地解决需求。笑容加常常是先投入更多精力接触用户，观察用户的刷牙过程，捕捉用户的需要。在思考解决方案时，再基于成本、实现难度等，对设计做减法。因此，虽然笑容加的产品在调研、研发上需要较高的投入，却总能依靠更优的产品改进、更全面的体验优势成为爆品，团队也为产品对用户有切实帮助而自豪，更愿意投入与用户的互动中。

以此为例，我们可以看到，体验优先的管理导向下，企业践行了一条新的行动链：

关注、理解用户→在产品、服务、营销上创造好体验→被用户的帮助和反馈所激励

这一链条的核心，是体验。与基于数字指标的效率管理循环相比，其不同之处在于：员工的行动是从关注用户体验、捕捉用户的表达与激发现象出发

体验管理循环

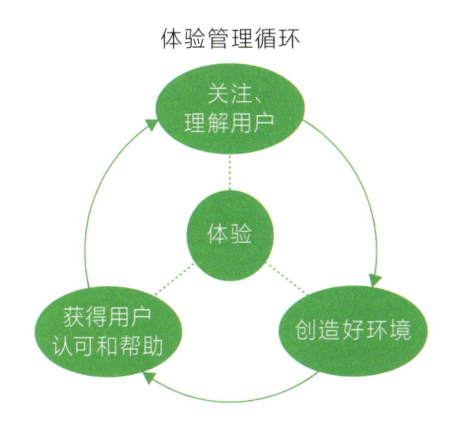

```
         关注、
        理解用户
          │
         体验
        ╱    ╲
   获得用户    创造好环境
   认可和帮助
```

的——大量的员工本身都是用户，或是能够共情用户的人，他们投入大量时间关注用户、了解用户的体验需求；同时，企业建立了对体验的评估机制，一批能代表用户的内部评审者，在组织内会有更高的话语权，会对研发过程中的方案一次次做出评审。各个部门也都有能够理解、共情用户的人，使得经过评审机制认可的动作，总是能在组织内得到资源、顺畅落地，在产品、服务、营销每个环节，为用户实现更好的体验；最后，用户因此更多地被激发，帮助企业更成功，员工也被用户的反馈所激励，更有动力服务和理解用户。

相比效率管理循环，要让体验管理循环启动，决定组织行为的每项因素都要发生变化：

首先，在人才选择上，对员工的能力和动力提出了新的要求。

员工的能力，要从效率管理循环中的以"复盘与执行"为主，转变成能够"共情用户"为主；员工的动力，要从"财务激励"转变成"帮助他人的使命驱动"。

在体验管理循环中，好的员工是既能理解用户、乐于关注用户，也能从帮助用户、收到用户的感激和称赞中收获成就感的人——他们不只被金钱和成功动机驱动，而更需要被"帮助他人的使命"驱动。

其次，体验循环下的组织架构也要发生变化，要调整效率管理循环下以"专业细分"和"独立负责"为原则的部门设置，增加"人群细分"部门，让"体验驱动协同"。

既然用户在细分，就不能指望靠一个产品服务好所有人，因为不同人群对体验的敏感点不同。企业要建立为某个人群负责的部门，对人群建立独立的理解。组织内积累的对一个人群的了解和由此形成的服务能力，也会成为企业的护城河。

同时，不能让拆分后的部门为了部门利益各自为战，而是要让所有部门能够感知到用户的体验需求，并以此为基础协同行动——很多体验需求，特别是第一次出现的新体验，是难以在短时间内证明收益的，只有各个部门在新的循环下针对新体验快速行动起来，才能及时地把握住好不容易捕捉到的机会。

最后，也最重要的是——在评价与激励上，企业不能仅仅激励带来效率提升的动作，还要同时激励发现新体验的努力和成果。算账方式，要从效率循环的"算确定的账"和"算效率的账"，转变成"算不确定性的账"和"算效率+体验的账"。

新的评价体系会遇到两个难点：

第一，种草的很多动作，并不是立竿见影的。

比如，很多解答用户问题、影响用户心智的营销动作，比起直接降价促销，见效会更慢；提高服务质量，会带来用户复购的提升，但是复购率的变化需要等待更长时间才能看到，服务成本却会马上增加，算眼前的交易账，看起来常常不划算。

于是，就需要建立对更长周期的效果的度量方式。

第二，很多体验的提升，在能看到数据之前，会产生的影响主要是改善用户感受。

因此，企业需要度量用户的感受变化，也需要计算感受变化所带来的业务价值。

一个围绕体验运转的组织，会以这样的方式工作：

体验管理循环

员工画像
- 能力：共情用户
- 动力：帮助他人的使命驱动

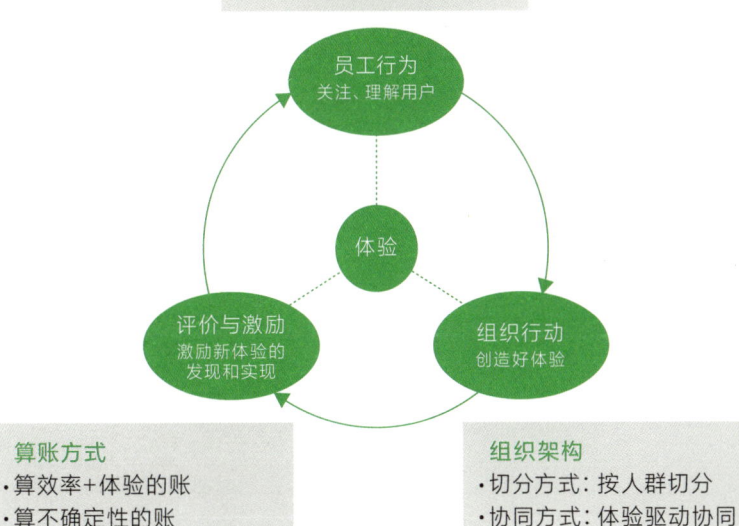

员工行为
关注、理解用户

体验

评价与激励
激励新体验的发现和实现

组织行动
创造好体验

算账方式
- 算效率+体验的账
- 算不确定性的账

组织架构
- 切分方式：按人群切分
- 协同方式：体验驱动协同

其实，效率管理循环与体验管理循环并不是矛盾的，关注用户也能提升效率，"没能跟上用户不断变化的体验要求"也可以看作是一个有待解决的问题。在一个种草型组织内，两种循环会同时存在，并在不同的场合、不同的角色身上分别运行。

一个有趣的现象是，我们访谈的一些种草成功的企业，是夫妻共同创立的，两个人的分工，常常就是一个人负责体验，为企业不断找到新机会，带来体验突破，另一个人负责效率，为生意结果负责。

如果你已经对体验管理循环的来龙去脉有所了解，那么我们将深入人才选择、组织架构、评价体系三个方面，来详细讲解建立体验管理循环的具体行动步骤。

02
选对人，找到传递体验的神经元

种草的成功，很多来自人对新体验的判断。这是难以通过"数据"来传递的，只能通过人与人之间共同的理解、共通的感受，通过彼此激发来传递，使共识得以达成。

于是，种草型组织就需要让足够多能够理解用户的人成为神经元。

对外，神经元的存在，使得"捕捉""理解"得以完成：让有价值的用户表达可以被捕捉、被理解，并被识别出是否具有普遍性。

对内，神经元之间实现了体验要求的内部传递，特别是那些难以用数据论证的情感性的、审美性的、理念性的需要，让员工将激发的状态传递下去。

感受力和共情力：理解用户的基础

建立种草型组织，需要捕捉到来自用户的、关于新体验和生活向往的表达，需要在公司内传递感受性的体验要求，因此需要足够密度的能够理解用户的人。

这样的人，常常自己本身是用户——用户是更容易理解用户的。比如美妆品牌花知晓，作为知名少女美妆品牌，花知晓的创始团队竟然是两个男生。他们上大学时就是资深 Cosplay 爱好者，会去各地学习化妆。他们成立花知晓后，其 95% 以上女性构成的公司环境，让他们加深了对用户彩妆需求的理解，做成了一个让用户感知到"少女心意，有花知晓"的品牌。

虽然已经多年不参与 Cosplay 活动了，但是在公司环境内，两位创始人仍然贴近最核心的消费人群，也是最主要的产品决策者。对比之下，很多美妆行业的资深从业人员，也不一定理解用户。曾经有一位投资人问一位美妆创业者：用户真的需要那么多的颜色吗？可以想象，距离用户遥远时，哪怕用户对他认真讲述每一盒产品的不同、为什么要买这么多，他也很难和用户共情。

我们看到的其他典型的种草型组织，也常常是由大量用户构成的。

再比如宠物旅行品牌爱宠游，他们几乎所有的员工都养了狗，很多人正是因为爱狗，才会加入爱宠游；也是因为爱狗，在面对宠物家长的各种需要时，他们才会先理解，而非先拒绝。不同用户喜欢的各种服务，因此不断诞生。

爱宠游的主要业务之一，是通过与航空公司合作包机，实现"宠物进客舱"的航空旅行服务。对那些渴望带狗狗一起旅行的主人来说，爱宠游的服务，极大地缓解了他们在坐飞机时对宠物的担心，也扩展了宠物跟主人一起活动的范围。

在爱宠游出现之前，大多数国内的航空公司，狗狗只能托运，在飞机上必须与主人分开，装在航空箱里，独自待在行李舱。而主人们在这个时候，并不知道自己的"毛孩子"会不会因为飞机的噪声而害怕、焦虑，不知道行李舱里的温度、气压是否合适——毕竟新闻里时不时会看到有"毛孩子"在托运中死亡,也不知道自家"毛孩子"会不会被工作人员像对待行李箱一样,粗暴地扔来扔去。这就导致很多家庭无法带狗去很远的地方,如果从北京、上海去三亚、云南,要么让"毛孩子"承担托运的风险,要么只能与"毛孩子"分开。

但在爱宠游合作的航班上,宠物是可以进客舱的,飞行全程,航空箱就在主人旁边的座位上——主人可以看到宠物,宠物也可以看到主人。

爱宠游刚刚跑通的头几条航线,有一条是从上海往返三亚。一位参团的用户对爱宠游讲:为了让"毛孩子"可以和自己一起去三亚,她从北京开车,带着"毛孩子"到了上海,三亚旅程结束后再从上海开回北京。爱宠游的员工说:"我们团里,这次有从天津开车过来的,也有从东北开车过来的,我也带我们家狗开车去过很多地方。"

在这一瞬间,用户和爱宠游的员工,感知到他们共同向往着"可以带着小狗一起体验世界"的生活,彼此之间产生了强烈的共鸣。这个用户后来对爱宠游提出了不少很有帮助的建议,因为她也花了大量的时间思考如何能让自家小狗过上更好的生活。

前文提到,种草需要"从捕捉开始",需要"与用户建立互助关系",这就要求员工足够理解用户。在与用户交流时,足够理解用户的人,才容易让用户感知到自己被共情、被倾听。只有当一个人真的懂用户时,才能捕捉到用户的可能指向普遍强烈需求的表达。

人们常常更容易理解与自己有相似经历的人，所以，在招聘内容、产品、服务等直接面向用户的员工时，种草型组织更偏好选择"用户出身的人"，比起那些更专业却不能理解用户的人，"用户出身的岗位外行"常常做得更好。

除了直接招募典型用户，不少种草型企业也会招募更能共情用户的人。

美妆品牌 RED CHAMBER 朱栈（简称 RC）很喜欢招募有跨多个行业工作背景，有人类学、社会学、心理学等学科经验的人，这几个是关注人、研究人的学科，跨行业的经历意味着更强的学习能力和更强的共情力。

母婴品牌嫚熙在与妈妈们沟通时，不只希望为用户解决问题，嫚熙的主理人 Julee 还会要求客服能做到"及时回应""倾听"和"共情"。比起对"用户"，这样的态度更像是对"朋友"。

实际做好这样的"朋友"并不简单，有些时候嫚熙的客服接到用户的电话，用户可能会因为发错了尺码，就对客服讲出很难听的话。Julee 会对客服说，不能与用户计较。要看到妈妈们其实处于人生中一个更敏感、痛苦和不自由的时期。妈妈们会看到自己的肚子在变大、身材在偏离自己熟悉的样子，很多妈妈不确定自己的身材能不能恢复，就连很多平时想吃的、想玩的，现在为了孩子，也只能放弃。Julee 就是在 2015 年生第一个孩子时，看到自己的身材变化，想要找到适合自己的产品关爱自己，结果怎么也找不到，才意识到了妈妈们特殊的需求。后来她做出了嫚熙的第一个爆款产品"哺乳文胸"，连续 6 年蝉联天猫、淘宝哺乳文胸类目销量第一。

这样的对妈妈们的理解、倾听和共情，让很多妈妈与嫚熙建立了持久的互助关系，会持续对嫚熙表达需求、提出建议。今天，在嫚熙做产品，比起"主动找用户问需求"，更像是"从妈妈们已经提给嫚熙的需求中挑选值得解决的问题"。更多的爆品通过这个方法诞生，比如不怕撞衫的居家月子服等。

本以为，这样以用户为主的品牌团队，应该大多数都是妈妈。

意外的是，嫚熙除了招募妈妈，也会招募爸爸。不过不是那种"忙起来不顾家"的爸爸。一名在嫚熙工作的男员工说，很多爸爸工作压力大，可能陪伴妻子、孩子的时间不会很充足，这种时候，他们也能理解，他们会问候选人做了哪些事提高陪伴质量。

这样能够共情妈妈的爸爸，也能理解嫚熙的用户。

当我们希望成为趋势的引领者，跟上用户对体验要求和表达方式的变化时，组织内能够理解用户的人才密度，决定了信号传导和服务用户的效率。**组织内足够理解用户的人才密度、对同一人群的了解程度，将成为企业新的核心优势之一。**

超级员工："文理兼修"

如果说招募到用户型员工还比较容易做到，那么招募到理解用户的核心岗位负责人就比较难了。很多企业常常是通过设置一个"文"的能力标签，再加上一个"理"的能力标签，筛出需要的候选人。

比如，我们接触的不少创始人，在招聘内容、产品、服务这类员工时，都会花大量的时间聊"感知性"话题，像是：

"你觉得自己是怎样的人？朋友眼中你是怎样的人？为什么会有偏差？"

"你会因为什么而感到兴奋？什么样的事情能给你带来成就感？"

……

能充分了解自己，理解和感受用户，这样的感受力，其实是"文"的能力。在实际工作中，感受力决定了能否识别出好的用户表达、能否捕捉到新机会，是种草的重要前提。

能总结规律、建设流程，这样的逻辑能力，则是"理"的能力。 在实际工作中，逻辑能力决定了能否提高生产效率和稳定性，能否准确地传递信息，带领团队复盘和标准化。

方仔照相馆的营销负责人，把自己"文理兼修"的能力总结为来自两段工作经历：她在刚刚工作时，在一家消费品公司做品牌营销，产出大量品牌向内容，这锻炼了她的感受力；之后她加入一家互联网公司做效果投放，又锻炼了复盘、算账、持续优化的逻辑能力。

另外一家在线教育品牌，则是这样找到"文理兼修"的内容营销负责人的：公司此前就培养了一群有极强复盘能力和执行力的管培生，他们在其中找到了小红书账号粉丝最多的一个，将其任命为内容团队的负责人。

要想做好"种草"，大多数核心岗位都需要负责人"文理兼修"，用方仔照相馆创始人徐豪的说法，叫作"既要做好数学题，又要做好语文题"。比如产品岗位，既要能感受到用户的需要，又要让产品稳定、高效地生产出来，解决生产线上的效率问题；媒介岗位，既需要能选出适合用户的媒介、识别出适合媒介的内容，又需要能算清楚账。

能理解用户、代表用户的员工的密度，以及"文理兼修"的员工数量，都影响了企业的竞争力。

建立由意义感与使命感驱动的团队

我们与种草型企业里处于核心岗位的员工聊天时，会发现一个有意思的现象：在描述职业选择的理由时，没有人提过钱。虽说我们理解在访谈时很少会有人直白地说自己是为了钱工作，毕竟这种理由听起来不那么上台面，但是众多员工全程不提钱，也是个很不平常的现象。

当进一步问到其收入变化时，不少员工表示自己是降薪来到了新企业，但对比过去的工作经历，他们反而在这里工作得更久。

这背后的逻辑，我们一开始也不能理解，但是接触了越来越多这样的员工后，我们渐渐明白了一件事：

"种草"需要的员工是有强共情能力、渴望帮助用户的，同样，在工作中，他们也会更渴望自己的感受被更好地满足——不是挣钱不重要，而是希望在挣钱的同时，做一件自己认可的、热爱的事，能在工作中收获意义感。

比如，阿芙精油的管理者已经意识到，年轻人不那么喜欢传统的团队建设方式。他们在思考什么是好的团建时，找到了一个原则：要选择那些哪怕是花自己的周末时间，小伙伴们也爱做的事。在他们找到的几件事中，其中一件就是直接与用户交流。

在多数企业中，很多岗位因为接触不到用户，看不到用户使用产品的过程，所以缺少对意义感的直接感知。

种草型企业要求员工直接接触用户，不管是看到用户的痛苦，希望为用户解决，还是亲眼看到自己对用户的帮助有效，收到用户的称赞和感谢，都会成为意义感的来源。

在和小红书内部员工访谈时，很多人也提到，当春节回家遇到亲戚，或者在聚会上认识了新朋友，当他们听说自己在小红书工作时，都会惊喜地说："原来你在小红书呀，我每天都在用小红书，看菜谱、搞装修、学着当一个合格的奶爸，都离不开小红书。"

这给了小红书员工很大的成就感和自豪感。

这次大型访谈中，我们遇到的最极致的由意义感驱动的企业，是一家做蘑菇种植的公司，叫作超级菇菇。他们的第一款产品"超级菇菇菌菇箱"，从发售开始就成了一个小爆款。我们注意到超级菇菇这个产品，就是在一个平常不怎么活跃的群里，看见一名用户晒自己种出来的蘑菇，引发了其他人的讨论和分享。

用户们在小红书笔记和评论区晒出自己的"超级菇菇"

@蜜桃薄荷茶　　　　　　@拉K亲妈

当聊到他们为什么能做出好产品时，超级菇菇的合伙人说："因为我们都是零薪。"

我们乍一听这个词，还以为自己没听清楚，后来他的伙伴补充道："就是我们所有人都不拿工资。"

超级菇菇团队的主要成员，在十几年前上大学时是传媒大学的志愿者协会成员，毕业后各自创业，有了自己的公司。后来成为超级菇菇创始人的亢乐说：自己要做智慧农业，吸引了一个个此前是志愿者协会成员的同学，每个人又带来了自己认可的同事，组成了今天的团队。

在超级菇菇，所有人都没有固定工资，只有产品做成、卖好、卖出利润，大家才有分成和股权收益。

这种所有人都不拿工资的状态，其实是每个人拿自己的劳动力投资到了超级菇菇。

团队不少成员，在参与超级菇菇之前，都有各自的公司，也都在挣钱。但是，因为超级菇菇做的事更符合他们认为的有意义、有趣的标准，无形中，他们的精力越来越多地投入到这个不挣钱的公司，自己挣钱的公司反而成了关注变少的副业。

用合伙人的话说：如果靠工资，招不到现在这么优秀的团队。

而此刻，团队每天工作的状态，也远比拿工资工作时投入——他们的合伙人，本来是个媒体人，现在成了农夫，穿着方便干活的衣服，每天扎到实验室里研究怎么种蘑菇；他们的小红书运营人员自称是全职客服，面前好几部手机，不断回复用户的问题。

超级菇菇的定价策略同样服务于企业使命。作为一个几天就能种出一箱蘑菇的种植玩具，他们的产品定价并不高，甚至偏低。

当被问到这是为什么时，他们说，玩具只是产品启动的第一步，他们希望产品能越来越便宜。因为他们最终的目标不是卖玩具，而是让智慧农业走进千家万户——让每个人都能吃到最新鲜的自己种的蘑菇，逛超市时，也能看到到处都有一个个现摘蘑菇的菌菇箱。

超级菇菇这个案例，可能不是大多数企业能模仿和复制的。

但是相信你能感受到：当团队每天在为帮助用户，做一件自己认可的事而行动时，可以爆发出更大的能量。团队的愿景，也会成为好产品诞生的保障。

当下，对工作意义感和使命感有要求的年轻人，正在变得越来越多。
怎么能成功吸引这样的人才呢？企业可以这么做：
1. 有一个清晰的理念；

2. 通过产品和宣传，让更多人感知到你的理念，这样，认可理念的人会慕名而来；
3. 在与认可你的理念的人沟通时，你会很容易感知他们的热情，你会观察到他们在某一瞬间被点燃；
4. 你也可以问他们过往的选择，那些追求意义的人常常不会做追逐工资和其他经济利益的选择；
5. 和他们一起，践行理念。

雷军在第五次年度演讲上讲了小米汽车的研发历程，其中一些内容让人印象深刻：小米作为汽车行业的外行，决定要在3年内造出一台车。作为行业新手，经验、人才的缺乏，哪怕对于小米，也会是难题。

在小米决定做车时，雷军先开了一场发布会，相信很多人还对那场发布会上雷军的话有印象："这是我人生最后一个创业项目""一百亿美金的投资"，等等。

大量小米用户是熟悉小米的，他们早就知道小米的理念：做全球最好的手机，只卖一半的价钱，让每个人都能买得起。

小米的智能手机、电视、充电宝等大量产品也在持续践行这个理念，大家几乎已经形成了共识——小米的进入，就是整个行业降价的开始。

在发布会上，当雷军让所有人看到他作为小米掌舵人的决心时，小米收到了市场热烈的回应。很多认可小米理念，同时渴望造车的人，在第一时间决定加入小米造车：有小米的第37号员工，有宝马德国总部iX系列的设计师。3年多的时间里小米收到了38万份简历，组成了一支7000多人的团队，聚集了超过1000位技术专家。

其中很多人是因为认可小米的理念而来，而这些人期待的，是像小米做手机、做充电宝时一样，能够在造车时继续践行极致的产品文化，将电动车的体验提上去、价格打下来，做出一款让用户热爱的产品。

雷军也在持续带领团队践行这个理念，他自己从多年不开车，转变为开车，甚至借朋友和同事的车开，从而体验不同车的差别，了解每款车好在哪里。为了体验汽车的控制感和极端情况下的表现，他甚至考了赛车驾照，成为赛车手。

可以这么说："种草"是以企业的经营行为激发用户。所以，第一步就是要让企业理念激发和吸引这样的人，使其成为员工和"种草者"。

这样，你就会拥有一个乐于接触用户、乐于了解用户、能在服务个体用户身上投入时间的、被使命驱动的团队。

03
打破部门墙，让体验驱动协同

有了人才团队，接下来我们来看看如何让他们在组织中发挥出最大的效用。按常理推断，大多数公司都知道关注用户很重要，如果公司有一定规模，也肯定会有一些用户，或者能共情用户的员工加入。

可是，为什么爆款产品还是不容易在这些公司诞生？为什么种草总是难以贯彻执行呢？

一部分是因为前一节提到的问题——只有少数员工懂用户没用；另一部分则是因为公司的组织架构问题——满足用户需要的动作若不能顺畅地得到资源支持，就无法贯彻下去。

常见的阻碍种草的情况，首先是部门利益的割裂，让代表用户的人没有能力影响其他部门的行动；其次，面对快速变化的用户表达和用户需求，过细的分工增加了协同成本，使得各部门难以快速响应、快速配合。

有位来自一家历史悠久的知名消费品公司的朋友，详细描述了他们在做产品时错过爆款的过程：

他们的几个部门，都有各自的目标：市场营销在销售体系，组成了整体的大销售部门，为销量负责；产品部门虽然要为产品的销量和利润负责，但是没有营销权限；供应链部门则会背生产成本和质量的责任。

这就导致了：产品经理要开发什么产品，必须说服销售，可是销售主要的工作是维护渠道关系，并不那么理解用户。对用户理解更少的部门，成了产品决策的阻碍。

这家公司也像大多数消费品公司一样，产品在推给销售之前，要经过用户的测试——邀请一批用户，了解用户的使用感受和评价。

但是，因为承诺销量的是销售，从产品经理的视角来说，只要能说动销售，让他们乐意承诺销量，自己的指标就有更大概率完成。

比起验证产品，说服销售才更重要，因此消费者测试本该是用于反馈问题、改进产品的，结果产品经理反而会有意选择有利的数据、隐藏关键的问题，尽可能让销售看到好的结果，敢于给出承诺。

一旦产品团队想要实现某种新体验，常常会对供应链提出挑战。主要为成本、质量负责的供应链部门当然不愿意增加自己的成本，新的体验要求总是会被供应链部门拒绝。产品团队就只能在现有供应链可支持的范围内设计产品。

同样的问题，在其他分工比较细致的环节也都会发生。比如传统的企业营销，可能会分别由内容、投放、品牌和电商等不同部门分头负责。

当其中某个部门找到了营销机会——比如投放部门有人看到用户发布的某条好内容，希望品牌部门及时响应、产品部门配合改进产品、电商部门配套营销动作时，品牌部门常常在年初就做好了全年的营销活动计划，不能支持灵活的调整；产品部门也有自己的新品规划，不会听到投放部门的反馈就调整；电商部门背着自己的利润和销量目标，除非新的机会能够先证明有更高的利润和销量，否则电商部门也不会有动力配合。

至于内容团队，甚至有可能会跳出来反对相关投放：如果你以后都用用户产出的内容，我这个部门怎么办呢？

每个部门都有自己专注的职责和由自己独立负责的指标，这些指标驱动着部门在本职工作内越做越好、经验越来越丰富、流程越来越细致、效率越来越高。

但是，当我们需要所有部门共同为了提升用户的体验服务时，细致的分工、割裂而独立的协作关系，反而成了一堵堵高墙，阻断了用户的体验要求在组织内传递。

这时，就需要将通道重新建立起来。要让最能理解用户的部门拥有最高的权限，让用户真正的体验需要能够传递到各个部门，并驱动所有部门快速行动。

种草需要怎样的组织架构和协同关系？

如果说，要让那些理解用户的员工成为组织内的神经元，那么种草需要的组织架构和协同关系，就要让这些神经元专注地获取用户的体验要求，同时，让关于体验的神经信号在组织内有效传导。

先说组织架构——当我们设立部门时，就决定了哪些事会有专人盯，哪些事不会丢。把部门切分开，我们就知道在一定范围内，会有人持续专注并优化，会有人不断提升经验。

因此，**部门怎么切分，其实取决于我们对"专注于什么事更重要"的判断**。

再说协同关系——部门与部门之间如何配合。

当希望每个部门体现出更强的执行力时，我们会让部门承担独立的指标，每个部门都能为目标负起全责。但是，这样常常导致部门之间各自为战。

当我们希望部门彼此配合时，就可以将各部门的指标勾连起来，或者让所有部门共同为整体指标负责，抑或让指标之间形成紧密的配合关系。

总结起来，你会发现，种草需要的其实是这样的组织：

第一，体验变得更重要了，因此，需要所有部门能针对体验要求协同起来。用户的体验要求，要能从最理解用户的部门开始，在组织内部顺畅地传递，驱动所有人配合做出行动。

第二，在部门设置上，营销部门要从此前的各自为战变成一个整体，共同为整体目标负责。这是因为用户的决策过程变得更复杂了。有些渠道的动作，其主要价值是"打消用户的顾虑"，有些渠道则可能主要是成交，在 A 渠道的动作会影响 B 渠道的销量，一旦按照渠道拆开、各自为战，哪个渠道都难以回答用户全部的问题，也无法实现高营销效率。同时，用户的表达瞬息万变，一旦发现好内容就需要快速响应。因此，营销部门的协同需要大大加强。

第三，因为对一个人群向往的生活的领先认知，会成为企业发展的重要优势，我们也大胆做一个预测——**未来，在专业分工之外，会产生"人群分工"**。就像很多互联网公司的"用户运营"岗位，会将用户按照不同的需求、不同的消费能力等，分成不同的人群，一组用户运营主要为一个人群负责。越来越多的企业，会设立以"服务好某个人群"为唯一目标的部门，让团队对这个人群的理解不断加深。

如何让用户的体验要求驱动协同？

通常，新体验的实现在企业内总是需要经过多个不同的专业岗位：需要有设计师进行设计；有人完成供应链上必要的工作；有人改造生产流程，让工厂能生产出来；也需要零售部门将产品推向市场，客服部门搜集用户对新体验的反馈。这也就意味着，一个体验要求的满足，需要多个不同角色的协同。

怎么实现让所有部门都能为满足用户的体验要求而协同行动呢？这里介绍三种常见的做法：集权，调整部门之间的权责关系，以及共同接触用户达成共识。

第一种，也是最直接的一种做法就是集权。

这意味着企业内要有一个能判断和理解用户体验要求的人，此人为整体负责，由他直接管理每个部门的执行策略和关键动作。

这是很多成熟消费品公司的选择。对于各种不同的公司，集权都是保证高效率的选择，但这对负责人的要求也高：负责人要懂各个环节的业务逻辑，才能管明白各个环节。

靠着平价高速吹风机火出圈的新消费电子品牌徕芬，就采取了创始人集权的管理模式。徕芬从 2019 年成立以来，几年间涉及的产品从吹风机、电动牙刷，到正在研发的剃须刀，常常是靠着与行业不一样的质价比体验、新技术或者不一样的制造工艺，实现突破。用徕芬创始人叶洪新的话说："要为用户找到最优解。"

但是，实现这样的最优解总是不容易。

正常来说，做产品，有了初步设计之后，要去找供应链实现。但是，机会之所以存在，常常就是因为此前没有人这么干。这就导致徕芬想做的产品，总有一些环节找不到供应商实现。

而徕芬之所以能一次次挑战供应链难题，就是因为叶洪新直接管理着从用户需求调研、产品设计到生产制造的所有环节。

叶洪新说，在过去4年，他磨出来了一个老团队，他熟悉这个团队每个人擅长做什么、不擅长做什么，这个团队也会信任并服从他的决策。

徕芬如今的工作状态是，叶洪新带着这个团队，做完一个产品，就像蜂群一样整体扑向下一款产品。

也是因为叶洪新作为绝大多数事务的唯一决策者，能够理解用户、知道用户需要怎样的体验，他为用户实现更好体验的意志，总是能在所有环节高质量地贯彻和落地。

像徕芬正在研发的剃须刀，产品还没上市，为了一个新的铸造技术，徕芬直接买了一台价值2亿元的设备——作为创立4年多的企业，这笔投资不是个小数目。

叶洪新之所以敢投资，是因为他花了大量时间拆解产品、拆解用户的需要。在他看来，这个投资决策确定性极高，用他的话说："其实做硬件很幸福。"因为市场上有哪些产品卖得好、各自销量多少，很容易知道。当他知道用户要什么、自己的产品明显比哪些产品更好时，他也就能知道未来产品会卖成什么样。

知道什么样的体验更符合用户的需要、能预测销量，就能知道自己的投资划不划算、将来挣不挣得回来。所以，叶洪新才敢投资。

叶洪新之所以敢于管一切，是因为他自己做过绝大多数环节：

在创立徕芬之前，他的第一次历练是做淘宝运营，在这个过程中学会了营销，也熟知了线上卖货的过程。

之后，他带着从淘宝运营赚到的钱，自己尝试做了一个载人飞行器，在过程中懂了电机和机械设计，建立了创立徕芬的机械基础。

在徕芬创立早期，他跟着团队一起跑供应链、建工厂，又理解了供应链和生产。

甚至，他自己还是个很有网感的人，徕芬的第一个销量高峰，就来自叶洪新本人的一个发言视频：在某个高管课堂上，叶洪新背对着镜头，用带着家乡口音的普通话讲着徕芬要做的事。他在看到这条视频后，果断加大投放预算，这条视频后来让徕芬的吹风机第一次卖断了货。

用叶洪新自己的话说：他只是不懂软件设计，剩下徕芬需要的，他都懂。

不过，很多企业没有条件复制徕芬的做法，叶洪新这样的综合人才可遇不可求，好在我们有**第二种，也是更易实现的做法：调整不同部门的权责关系**。

一种常见的实现不同部门之间权力分配的有效方式，是在部门之间建立"采购关系"：代表用户的部门成为甲方，其他部门则是乙方，只有甲方向乙方采购服务，乙方才能实现部门目标。这样一来，虽然每个部门都有自己独立的目标，但是对其中一部分目标的设立或评判的权力，属于更理解用户的部门。

就此种方法而言，羊织道的做法很值得借鉴。

在羊织道，对营销部门的要求是为销量负责，每条内容发出去后要看反馈，要在内容中积极与用户互动，也要能理解用户的需要，将用户的反馈传递回来。

大量接触用户反馈，让营销部门成了最懂用户的部门。他们很能理解用户要什么，也能理解自己的产品好在哪里。比如羊织道的小红书负责人 Sherry 在描述自己推荐的一件衣服时，会清晰地说出：我这件衣服好看的关键是配了个领巾，加了水手领会减龄，会让这件衣服看起来不是一件基本款针织衫，而是有设计的巧思在里面，而且领巾会遮斜方肌、富贵包——这两个词都是来自小红书的关键词。Sherry 此前就在小红书上看到有不少笔记在分享怎么减斜方肌、怎么遮富贵包，说明用户肯定有需求。所以，Sherry 才会选择这样推荐它。

但是，尽管营销部门懂用户喜好，但他们没办法直接做设计，或者去内蒙古找更好的羊毛。服装产品对设计的专业要求很高，既要有设计能力，又要有好的审美，还要熟悉工艺和布料。在服装行业，不少设计师还是有一点高冷和傲娇的。在 Sherry 了解的一些服装企业中，营销找产品反馈用户的问题，常常会被说"用户没有审美"，问题就被顶了回来。但是在羊织道，产品与营销团队的关系改变了。

羊织道的解法，就是在更懂用户的营销部门与产品部门之间建立"采购关系"，让营销部门成为产品部门的"甲方"。产品部门要承担的指标，既有产品的销量、利润、库存周转等，又有爆款率。但并不是产品部门的产品做出来，就一定能拿到营销资源——营销部门的每个小团队都可以独立选品，决定自己卖什么。

如果一个产品经理做出来的产品不够好，没有营销的同事愿意卖，这个产品就不会有销量。

当产品团队必须把自己的产品推销给营销团队时，变化就发生了。不仅营销团队更能为结果负起全责，在 Sherry 看来，产品团队也没那么"高冷"了。

在我们访谈时，羊织道正在做下半年的产品规划。产品团队会向营销团队求助，希望营销团队帮忙调研用户的需求，一起去了解：用户在下半年会去哪里玩，会出现在生活中哪些不同的场合，对衣服的需要和审美要求会不会有什么变化？产品部门会希望营销部门参与到产品的设计过程中，更早给出意见。

这样一来，用户新的体验要求、用户的产品反馈，通过营销部门高效地转换成了产品部门的动作，部门协同自然发生，企业整体也离用户更近了。

这也顺带引出了我们要介绍的**第三种做法：共同接触用户，达成共识**。

这也是一些游戏公司偏爱的惯常做法。比如，在设计新角色、新地图时，游戏公司会允许任何一个员工提出想法，这些想法也许会为开发工作引入新的难题。不过，如果团队里大多数小伙伴自己也是游戏玩家，对什么是好体验、什么能打动用户有一致的感知，他们在听到想法时就会快速识别出哪个是好点子。而且，很多游戏从业者，有着挑战难题、实现更好体验的梦想。这时，共识就足以驱动行动，经过简单的讨论，所有人就能自发拆解完任务，快速将新体验实现。

不少公司在推新品时，也会让产品、销售等部门合并成一个项目组，共同背负新产品的整体销售目标。在所有人的利益一致，都与整体的成功挂钩，各个岗位都面向用户时，对什么符合用户需要、什么值得行动也更容易达成共识。

让营销部门成为"One Team"

种草要求企业的各个部门都做出调整，其中调整最大的，是营销部门。

在营销部门内部，每个营销岗位的工作，本质上都是与用户在向往的生活上完成对话。

而大量用户的行为是跨多个渠道的。用 Babycare 的话说，用户可能是在小红书被种草了产品，再去淘宝比价，最后到拼多多或者妈妈群下单。这些不同渠道的动作，只有密切配合，营销效果才能最大程度地实现，而不能单单把小红书划给内容、把淘宝划给电商。

目标也需要整体核算。不然，小红书上的很多营销动作可能是在淘宝转化为销量，如果只找小红书要销量，反而会降低整体的营销效率。

同时，营销部门内部各个专业分工的跨度，并不像从营销跨越到产品、供应链那么大，所以营销部门常常会从此前的各自为战，整合成一个部门。很多公司会称其为"One Team"。

方仔照相馆的营销部门，就将所有的营销职能整合成一整个营销部门，有唯一的负责人。

在具体做营销时，方仔发现，效果最好的内容常常不来自方仔的设计，而是来自博主收到方仔产品的那一瞬间。如果产品让博主感到惊喜，对方被激发后常常会创作出最好的内容。

基于这一规律，在方仔，一个营销动作通常会这样进行：

方仔的小伙伴们会先按照目标人群，来选择能影响用户的博主。

一旦选定了博主，营销小伙伴要大量翻博主的笔记，从笔记中找到一张适合做成公仔的照片——得是什么样的照片呢？不同渠道的博主不太一样。如果是小红书博主，用方仔小伙伴的话说，一般小红书博主和用户会喜欢的，都是不太会穿去上班的装扮。

这张照片做成的公仔，会激发博主创作出更好的内容。

在这样的工作流程下，选择博主的工作和生产内容的工作其实无法分开。不过，小红书博主和抖音博主不同，小红书用户喜欢的内容与抖音用户也不相同。经过观察，抖音用户喜欢的装扮会比小红书用户更日常一些。

方仔没有像很多消费品公司常见的那样，将营销团队分成媒介、内容、品牌等部门，而是将抖音和小红书分成不同的小团队。

每个部门虽然也会看互动、看曝光、看转化，指导本部门的优化，不过，更本质的考核指标，是看每个人的动作带来的"全局影响"——在小红书完成了一个动作，用户被种草后，很多可能会去淘宝搜索，或者在抖音下单，那么小红书的动作对所有成交渠道带来的增量影响，都应该计算进小红书渠道的业绩里。

也因为每个小伙伴每天都在做不同的尝试，不管是哪个团队的动作，今天有没有效果，都会同步给所有小伙伴，彼此参考借鉴。一旦有人捕捉到了好的机会，所有人都能快速复制；一旦有哪个平台出现了爆文，所有人的动作都能快速支持。

为了让体验驱动协同，其他部门的工作也需要做出调整。

如此观察下来，会发现几个规律：

第一，所有能接触用户的部门，都要有服务属性，负责解答产品和营销部门没能解答的问题。同时，要成为与用户建立互助关系、将用户的反馈和信息带回来的渠道。

比如，一位资深的消费品从业者表示，在2020年前后，不少消费品公司调整了对柜台销售人员的要求。调整前，主要的要求是着装符合标准、话术符合规范，只要经过神秘顾客的检查，符合规范，就是好的表现。但调整后对柜台销售人员的要求，逐渐变成要为用户的购买体验负责、要让用户真的满意。这不仅影响了柜台销售人员的工作，也影响了人力、培训部门的工作重点。

某国际美妆品牌让线下的柜台销售人员同时开通小红书账号，在线上触及用户，提供新品信息、优惠信息和咨询服务。开通该服务的柜台，销售额同比提升了120%。

第二，财务、人力等部门，要改变此前效率导向、工作量导向的评价和管理思路。看到体验的价值，并支持员工在用户身上投入更多的注意力和时间。比如：财务部门需要从看当月的收入和利润，转变成看"体验投资"和"用户价值"。为了实现更好的体验，单款产品的研发过程中有可能要解决更多难题，研发周期会变长。因此，在评价员工时，不能仅仅看员工在考核周期内实现的结果，也要看是否为还没看到结果的重要工作做出了贡献，让投入于更长周期产出的人得到公允的评价和回报。

让专门的团队为服务好某个人群负责

最后，我们也大胆做一个猜测：

以往，组织架构常规都是按照专业技能切分部门，或者按照产品线切分。然而，用户正在细分，不同的用户会有不同的生活向往，当对一个人群的理解和服务变得如此重要时，我们相信，未来的组织会增加一种切分方式——**整个组织中，有人为服务好某个人群负责，不断累积对一个人群的了解，让理解形成复利**。

虽然在组织内部，这样的变化还没有大范围发生，不过，放眼整个消费品行业，我们已经看到了一些征兆——代表某个人群而非某个行业的人，正在出现。

小红书电商的买手模式，其实就是电商业务链条中，媒介环节切分方式变化的体现。此前更常见的带货博主，或是做成了某个行业的零售场，或是做成了稳定优惠的折扣场。而很多买手代表的是一种人对生活方式的共同追求。买手们的选品，是在帮用户找到相应生活方式下的建议选择。

而买手们因为足够熟悉一个人群，且同时涉及足够多的品类，能够为同一个人群以更高的频率选出好商品，更容易赢得用户持久的忠诚。

如果你的企业此刻是按照生产环节或产品线做部门切分，而你的产品同时服务于多个不同的人群，那么你可以考虑：针对几个主要人群，设立专门的服务团队或者营销团队，让更能代表这类用户的人负责，对内代表这类人群发出声音。这样，针对这个人群的服务效率有可能因此大幅提升。

04
算对账：不只看一次成交，也要看长期价值

做生意都要算账。对于每个具体的部门、每个人每天做的工作，算账的方式影响了评价、资源分配和预期，进一步决定了整个组织的行为，决定了什么行为能发生、什么行为不能发生。

怎么算账，决定了怎么考核；怎么考核，决定了部门怎么行动。

很多操盘手也不是不知道关注用户重要、做好体验用户会更买账，但是说归说，刚接触用户两天，第三天一看对手猛投放、自己销量下来了，还是得先在投放上跟上。至于关注用户的反馈、更好地理解用户呢，好归好，可手头总是有更迫在眉睫的事要完成。

在做业务时，企业常常会面临这样的选择：要不要投入更多资源做好产品？要不要做一个可能赔钱，但是可能赢得用户支持的动作？

有些老板面对这样的选择，会极端地说："那我索性不挣钱不就得了？全部 0 元送，用户最支持。"

这其实还是个需要算清楚账的取舍问题。已经发布的产品算清楚账容易，

但是算清楚"打磨体验"的价值很难。其实，我们应该设法算清楚账——给那个体验最好、最可能成为爆款的产品，预留最多的预算和资源，鼓励团队为体验投入更多时间。

不管是否明确意识到，大多数企业总有一个算账的公式，这一公式会成为驱动决策、评价行动的依据。

当价值可被计算、效果可被度量时，行动才容易在企业内发生。当我们能用对的方式算账、算好种草的账时，种草的行为才会在组织内得到支持，才能够持续发生。

正确的算账方式，应该是业务逻辑的反映——我们认为有价值的事，其价值要得到准确的度量。用户变了，业务逻辑就要变；业务逻辑变了，算账方式就要变。如果你还在找每个订单要利润、找每个环节要效率，关注用户、做好服务就不会发生。

要想做好种草，在算账方式上需要发生三个变化：

第一，经营上，**不能只算效率账，还要算体验账**。

在计算人效时，不能仅仅计算每个业务动作节省了多少成本、卖了多少货。很多时候，对用户理解的加深，来自在个体用户身上投入了更多的关注，那些对个体用户的关注、帮助企业深度理解用户的动作，其价值也应该被看到和鼓励。

第二，产品上，**不能只算"订单利润"账，还要算"用户价值"账**。

很多企业为产品算账时，习惯的方式，是把这个月某款产品的销售收入与相关成本算出来，收入减去成本，算出该产品本月所有订单创造的利润。

如今，我们希望从用户身上获得的，除了单次购买产生的利润，还有用户持续购买产生的利润；我们也需要用户帮忙传播，从而影响其他用户；最好，用户还会给出建议，帮助产品改进，为企业找到下一个产品机会。

因此，如果有的产品是亏钱销售，但是会带来用户后续对其他产品更大的交易额，我们也会做。可能有的产品乍一看不挣钱，但是会让用户更乐于传播，或者能激发用户为产品和企业提出建议。

这些构成了完整的用户价值，要基于这样完整的价值算账。

第三，营销上，**不能只算流量和转化率的账，还要算影响用户决策过程的整体账。**

当用户做出消费决策的过程变得更长、更复杂，会跨越多个渠道、参考更多的信息时，注定有大量的营销动作是没有直接贡献转化的——用户可能看完一条笔记，过了几天在淘宝搜索购买。

要让那些帮助用户更早注意到产品、更好完成决策的动作发生，就不能只算每个动作直接带来了多少购买额，不能只算流量成本和转化率，而是要计算企业的每个动作对用户决策过程的整体影响。

这三个调整，都会让算账变得更难。

不过，我们不能只基于容易的方式算账。**正确的算账方法，应该让每一个有价值的动作——不管是影响用户决策过程的，还是更好实现用户价值的，都能被看到，并能算清楚性价比。**

种草模式需要的是回到"人"的算账方式：体验和效率，是"人"对产品的两种主要需要；用户价值，是"人"可以为企业实现的主要价值；决策过程，则是"人"为自己寻找产品的客观规律。

先切开人群，先理解每类不同的用户要什么、怎样决策和行动，基于此建立指标体系，让满足用户需要、帮助用户更好决策的动作能被指标反映出来，这样才能算对账。

算对账，需要解决两个难题

此刻，如果要计算用户价值，就要计算用户后续的购买行为。具体怎么算呢？

最稳妥的做法是：以今年1月首次购买的用户为基准，此后一直观察他们的购买行为，看看用户一年购买了多少、两年购买了多少，只要观察的时间够久，肯定算得出来。

第一次这么计算没问题，但是，当我们要改进服务和产品体验时，就要观察"当前投入的成本、提升的体验，会带来多少后续购买的增加"。如果每次改进，都需要这么观察一两年才有结论，那迭代速度就太慢了，有可能等了两年，才发现在头一天就走错了方向。

当一件事需要漫长的周期才能收到反馈、判断效果时，常常意味着它在组织内很难发生。

这时，就要找到办法，缩短为每次体验度量效果的周期。怎么办呢？

一个提升体验的动作，最终带来用户总购买量的提升，一般会是如下过程：

提升体验 ⟶ 用户感受更好 ⟶ 复购率提升 ⟶ 总购买量提升

在这个链条中，越先发生的环节，能越早被观察到。如果我们能够基于更靠前的动作做迭代，就能大大缩短整个种草流程的算账周期。

效率之所以容易被度量，是因为成本的降低、工作量的提升很快就能看出效果。而提升体验的动作，总是先带来用户感受的提升，再过一段时间才能看到效果。

想算清楚种草的账，首先需要解决两个难题：

第一，如何直接度量感受？

直接度量感受，可以帮助我们缩短判断提升体验的相关动作效果的周期。

当我们花了很长时间投资体验，在产品面世前，我们怎么能知道过去几个月的工作确实能带来体验的提升呢？能够帮助我们观察到体验是否改善的，正是对用户感受的度量。

第二，如何找到多个变量之间的相互关系？

如果感受提升到一定程度，我们怎么知道它给总购买量带来多少提升？又怎么知道它会对用户的传播和建议带来多大提升？

我们此前习惯通过用户点击来追踪上下游动作——如果一个短视频曝光给了100人，其中5个人点击下方链接完成了购买，我们就知道购买转化率是5%。但是，如果用户是在小红书上被种草，自己去淘宝搜索、下单，我们怎么能度量小红书上的笔记带来了多少淘宝订单呢？我们又怎么度量优化淘宝的商品详情页，会带来多少用户传播的提升呢？

前一节提到，种草的营销工作要度量每个动作的全局影响，其难点就在这里。

难题一：如何度量用户感受？

大多数时候，**用户的感受决定了生意。**

度量感受的难点，是它主要发生在用户心中，不只没有数字化，甚至都很难得知。那么，怎么度量和管理呢？

很多公司做出了有效的实践——找到当用户感受好时会产生的行为，通过观察行为对用户的感受做出判断。

比如皮克斯。

《创新公司：皮克斯的启示》一书中写道，作为一家内容公司，皮克斯的电影在研发过程中体验是最难度量的。但是不度量又不行，皮克斯的大多数电影,都是持续数年时间、要花掉上亿美金的大投资,投资风险不可谓不高。只有找到办法,在过程中准确地度量最终将给观众实现的体验,才能避免无效投资。

为了解决这个问题,皮克斯设置了在电影生产的每个阶段把控产出的制度。

与好莱坞常见的编辑与导演的分工方式不同,在皮克斯,最动人的作品常常来自导演自己的创作。导演会成为一部作品最核心的创作者。

在创作一部电影时,导演通常会先有一个有趣的想法,接着提交一份大约12页的大纲。由一个导演、编剧、高管们构成的小组评审,导演基于意见反复修改后,一旦大纲评审通过,就可以开始编写剧本。

一份皮克斯的剧本,初稿通常就会有120页,同样要经历反复的评审和修改。

当剧本通过评审后,皮克斯会让5~8名艺术家加入导演的团队,这个小团队会以相对粗糙的方式制作出电影——他们会将整部电影切分成每2秒一张的画面,在故事板上将这些画面画出来。一部90分钟的电影大概会有2700张这样的画面。他们将这些故事板上的画面逐一拍照,并且串成视频。团队会为这些视频配音,并且配置简单的音效。这样,任何一个观众看到这个视频时,就已经能感知到整部电影大概的样子。

到此为止,大概会花掉4个月。

之后,这个视频会直接面对观众们的检验。皮克斯会邀请不同的人来观看这个模拟电影的视频。在现场,导演会直接观察观众们的情绪反应:观众什么时候会大笑、什么时候会流泪。

一位皮克斯的导演说:"你能直观地感受到,电影在什么时候会有观众,什么时候没有。"

皮克斯的品质标准是从用户会不会被打动出发。电影要能让自己想看,这样别人才会想看,所以现场观众们要反馈的是,是否真的被电影打动、情绪是不是会被感染。

如果一个导演预设让观众大笑的笑话却没有人笑起来，那它肯定是要被删除的。反过来，如果一场放映结束，观众们眼眶充盈着泪水，整部电影成功的概率就会更大。

通常在第一次放映后，整个剧本会有大量的地方要放弃、大量的内容要改写。导演和他的艺术家团队会在改写剧本后重新绘制故事板、制作视频、配音、制作音效，将模拟电影的下一版视频再次展示给观众，观察观众的反应、搜集观众的反馈，再次修改，不断重复这个过程。

通常，一部皮克斯电影，要经历从剧本到视频反馈的 8 次迭代，直到它可以尽可能地、充分地打动所有人。

所有的体验，能否触动用户、能否让用户为此做出行动，都是主观的，是发生在用户内心的、感受上的变化，是难以被直接度量的。**但用户在感受满足后的行为可以被外部观察。**

当用户的感受被满足时，可能会大笑、哭泣、全神贯注，也可能会有搜索、加入购物车等动作。这些行为可被外部观测。

如果我们知道，当我们服务好了用户的感受，用户可能做出的下一个行为是什么，我们就有办法度量感受。

当我们有条件观察一定数量的用户行为时，如果这些人能够代表用户，这些行为就有了统计意义，使得感受可被度量，为指导决策、评估价值提供有效的数据。

当我们像皮克斯一样，找到了一批用户的代表时，他们的行为反应——大笑、哭泣、专注观看，抑或玩起了手机等，会帮助我们度量这一瞬间的体验。

其实，这也是很多公司在产品发布前的做法——比起看现成的数据指标，当面观察用户的反应，其实是最简单直接地了解用户的体验感受的方式。当你能观察大量用户的反应，统计有多少用户哭泣、多少用户大笑和声音的大小时，你就可以为自己建立一组新的数据指标，这些指标可以更直接地反映用户的感受。

如果你不执着于数据化呈现的指标，也不执着于用链接追踪效果，其实可以找到很多办法观察用户的感受和他们对体验的评价。

比如做营销，在用内容与用户沟通、尝试帮助用户打消顾虑时，我们难以直接观察线上用户的情绪反应，不知道他们是恍然大悟还是一头雾水。不过，我们仍然可以找到某些行为，来度量问题是否被解答。比如：用户看了内容后，是不是通过评论追问，或者私信追问？有没有点赞或收藏？如果问题被成功解答，用户会不会因此开始搜索、加入购物车，做出购买行动？

难题二：如何建立多个指标间的数学关系？

当找到办法度量感受后，我们还是可能无法计算出感受的提升会在多大程度上变成收入，体现在生意上。

因为感受提升距离看到生意结果，中间还有几个步骤：

投资于体验，花了成本 X_1 ⟶ 用户感受和评价提升了 X_2 ⟶ 产品上市后，复购率提升了 X_3 ⟶ 用户生命周期总购买金额提高 X_4

在这里，每一个 X 的变化，都会导致后续 X 的变化。

当我们不断做出动作，我们会观察到所有 X 之间的同步变化，这个同步变化会帮助我们在不同的 X 之间建立起系数关系。

比如，每在体验上多投资 20 万元，用户感受评分会提升 10%，产品上市后复购率会提升 13%，带来用户总购买金额提升 40%。

此刻，我们每个月会新获取 1000 个用户，每个用户在当月只会购买 60 元的产品，但是生命周期总购买金额是 500 元，那么，这 40% 的提升会为我们带来每个用户 200 元的购买金额提升，带来 200×1000=20 万元的购买金额提升，扣除获客成本后的毛利是 50%，也就意味着，会带来 20 万元 × 50%=10 万元的生命周期利润提升。

虽然我们看当月可能是亏损的，但是如果计算用户的生命周期，我们会知道这 20 万元的投资会在两个月的用户总生命周期中收回。而只要现金流允许，这会是一笔好生意。

同样，我们也可以用这个方法，计算每个渠道动作会带来的全局影响。

比如：小红书笔记互动量提升 Y_1 ⟶ 带来小红书电商加购物车增加 Y_2 ⟶ 购买增加 Y_3 ⟶ 淘宝、天猫加购物车增加 Z_1 ⟶ 购买增加 Z_2。

哪怕用户没有直接通过小红书点击跳转到淘宝和天猫，但是动作之间的因果关系还在——只要互动量以与产品相关的良性方式提升，后面的几个指标就会增长。

在观察几次同步变化后，也能找到几个变量之间的数学关系：小红书笔记互动量每提升 500，会带来小红书电商购买金额增加 4000 元，淘宝和天猫购买金额增加 6000 元。

这样，我们就能计算出在小红书上投资内容的收益。

只要不断观察所有指标之间，一个指标变化所带来的另一个指标的同步变化，建立相关关系，找到系数，每一个业务动作，都会以某种方式关联到业务的长期收益或成本。

这样，就可以度量几乎所有业务动作。

算对经营账：既要看清效率价值，又要看清体验价值

在产品推向市场之前，如何才能管理好在产品研发时投入的资源和时间，保证最终能实现好的体验呢？

在研发阶段，难以收集到行为数据，通常可以学习皮克斯的做法，通过建立评审机制解决这个问题：

第一，找到一群可以代表用户的人，这些人对产品的体验感受基本等于用户的感受。

第二，让产品以尽可能接近最终的样子，呈现在他们面前，由他们做出主观的判断。

第三，观察他们的反应，看他们是否被激发，就可以帮助我们判断体验是否提升。

当我们看到，一个产品迭代后，相比于上一次迭代，用户的反应显著更激动时，我们自然会找到度量体验的标尺——即便这个标尺仍然是感受性的，也足以支持我们投资。

在产品推向市场后，再借助产品的市场反馈，验证评审过程中的标准，并对标准做出调整。

同时，在经过多次评审，将产品推向市场后，我们会知道评审怎样影响产品的复购、用户的传播等，体验的价值就可以被更准确地度量出来。

所以，建立标准的第一步，是先找到能代表用户、与用户有同样感受的人。

皮克斯是大众产品，因而我们可以认为，大多数人都能代表用户。但是很多产品并不是这样：有的企业（如叮咚买菜）会用看员工订单与用户是否相似的方式筛选更接近用户的员工；有的企业会用"竞猜"的方式，让大量员工猜

测新产品的销量和用户的评价，选出总能准确猜出用户反应的人，他们就是更可能代表用户的人。

一旦产品实际推向市场，企业就能观察到更大量用户使用后的行为。用户的使用后反馈、在小红书等社交媒体上的评价、购买后的好评率、复购率等，可以成为评价和度量体验的指标。市场结果也是对体验价值的最终评价。

NPS 是用于定期追踪用户对体验的评价的常见指标，比起好评率、差评率，NPS 中"是否愿意将产品推荐给他人"这样的主动行为指标，可以更准确地反映产品是否足够好到实现了对用户的激发。

- 这里其实存在两种评价体验的标准：

在研发时，企业对体验的评价，是由员工、专家等基于对用户的了解，或者将自己当成用户，所形成的企业"内部标准"；

一旦产品上市，获取到真实用户的反馈，或者邀请大批量用户体验、测试，这样形成的评价标准，是企业的"外部标准"。

外部标准的特点是准确，但是反馈周期长。

当我们建立起内部对体验的评价标准时，才会支持对照标准的快速迭代。

比如大多数成功的内容公司，虽然读者的反馈代表了市场的最终结果，但是在创作过程中，作者主要是针对编辑的反馈改进内容。编辑可以每天给出反馈，也就让作者有了每天都可以迭代的改进速度。而编辑要负责保证自己的标准能准确代表外部标准，还要基于每次内容发布后的市场反馈来迭代标准。

所以，一个企业要建立体验度量体系，通常会经历这样的阶段：

先有外部标准；再建立准确映射外部标准的内部标准；当内部标准渐渐领先并替代外部标准，企业就能基于内部标准快速迭代，实现源源不断地激发用户的体验交付。

若能建成一个判断力优秀的编辑或审查团队（有时是由那些成为员工的超级用户构成），就可以将反馈的效率变得更高，让内部标准越来越领先于市场。

内部标准领先于市场标准，能帮助企业持续做出高质量的判断。

数据能复盘过去，而领先于市场的体验标准，会帮助企业看到用户需求的未来。

有些企业家天生就是更敏感的用户，就是高于用户的体验标准的把握者，他们的评判保障了企业的成功。

实际上，我们观察到：相比其他企业，那些种草型企业通常建立了度量体验的内部标准，让他们可以在体验上投入更多的精力和时间。

这些企业并没有要求每个季度必须发布多少款产品，而是只要确信产品方向是靠谱的，对体验的内部评判标准，让他们敢于给一个产品更多的耐心和时间，一遍遍打磨到足够好、确定可以激发用户为止。他们知道耐心是值得的。这也会让产品体验更容易超出用户预期，从而实现对用户的激发。

当我们看到一个产品虽然迟迟不能上市，但是每个月内部用户的反应都越来越激动时，自然会知道，等待更长的时间，用户会有更大的惊喜，我们也会收获更多的回报。

当我们能看到投资体验的价值，在计算人效时自然也会知道，不仅"提高工作量"能实现更好的生意回报，"花更多时间接触用户""寻找更好的体验"也同样能实现更好的生意回报。我们在评判每个岗位时，就不会再仅仅看效率，还会同时看对体验的提升。

算对产品账：不只算销售利润，还要算用户价值

仅仅度量体验提升了多少，还不能算清楚体验提升的性价比。要知道体验提升带来多少生意收益，还要算第二笔账，就是用户价值账。

前文提到，用户的几种主动行为，都会帮助企业成功，这几种主动行为的发生，就是与生意相关的主要用户价值。

此前，判断一个动作的收益主要是看订单价值，而如今，更应该计算的其实是用户价值。

用户价值 = 生命周期价值 + 影响力价值 + 建议价值

产品、服务、营销等动作的生意价值通常来说只有两种：要么带来用户量增加，要么带来用户价值提升。

其中，生命周期价值，简单来说可以通过计算一批用户在各个时期的所有消费得到。比如，某个星期首次下单的用户，在此后的 1 个月、3 个月、1 年，累计购买了多少订单，产生了多少收益。

通常情况下，对于同一个人群，不同时间首次下单的用户，累计订单随着时间增长，会呈现出曲线形状。因此，当我们做出某个动作，使得用户的复购从少变多时，我们会看到累计订单曲线整体的抬升，动作的价值就可以被计算出来。

影响力价值，可以通过用户发布内容的比例，以及这些内容对营销效率的提升，近似计算得到。

多少用户会积极提出建议，其中有多少是高质量的建议，也可以通过还原产品研发和营销过程得到。

当我们想要具体计算在提升体验上的投入到底性价比如何时，可以基于以

下因果链条为过程中所有的变量建立相关关系：

体验投资（金钱、员工劳动力成本）→内部标准下的体验提升→NPS分数提升→用户复购率提升、分享率提升、建议数量和质量提升→用户价值提升。

在这里，"体验投资"是我们可以主观控制、决定投入多少的指标，是"可控投入指标"；"体验的内部标准"是我们对体验的内部评价指标；"NPS分数""复购率"等，是为了计算用户价值的中间指标；用户价值，是反映生意长期结果的结果指标。

当我们持续观察这些指标的同步变化一段时间，并建立这些指标之间的数学关系后，我们就能算出"体验投资"与"用户价值提升"之间的比例关系，体验投资的性价比也就算了出来。

我们会渐渐找到一个边界——什么样的体验投资在生意上是划算的，什么样的是不划算的。

在指标驱动下，很多工作也会因为价值可被度量而能更好地进行。比如：

- 有人会为提高"体验投资"转化成"实际体验提升"的效率负责。HR可能会去提高员工中用户的比例，各层管理者会带着团队更多地接触用户，用户研究、市场研究等部门会被组建起来，与用户沟通等的培训也会提上日程。
- 有人会为"内部体验标准"更准确地预测NPS分数负责。内部的体验评估机制会越来越有效和完善。

……

你可以为自己建立与下面表格相似的指标体系，帮助你更快速、准确地度量所有动作的价值：

可控投入指标	研发成本	关注用户的劳动时间成本	降低压力、保证员工状态的成本	因
内部标准	内部评审小组（编辑、专家等）的评价	内部用户（员工）的评价	核心用户的评价	
中间指标	NPS分数			
	首单复购率/后续单复购率/首次购买金额后续购买金额/购后分享率/有效建议数量			
	用户生命周期价值	影响力价值	建议价值	果
结果指标	用户价值			

对于不少企业，可能这张表格里的大量数据很长时间都难以准确算出来。比如，最难算清楚的是用户建议的价值。

哪怕算不准也没关系，你可以先对此有意识。只要有意识，就会更容易导向正确的决策。

算对营销账：不只算流量转化，还要关注用户决策的整体过程

在计算营销账时，我们要先理解：用户是在为向往的生活寻找解决方案，而营销的目标，是帮助用户更好地找到解决方案。

认真回顾一下我们自己日常的消费决策过程，会发现，只有部分的消费决

策是在极短时间内完成的,这些快速的决策通常是因为优惠的刺激、简单的需求,或者过去已经有过相似的购物经验,因此无需思考太久便能直接选择。

在很多情况下,我们对一个新品牌、新产品从产生兴趣到最终下定决心购买,都是需要时间反复做功课、理解产品与自己的需求是否适配、打消顾虑、多番对比后才会采取购买行动。

小红书的数据也印证了这一点,从《小红书用户决策周期研究》中我们看到,面部精华的平均种草周期在 29 天,像香水这类非刚需产品的种草周期在 60 天以上。

类目	决策周期(天数)
面部精华	29
头发洗护	14
香水	67
母婴辅食	73

但是在很多时候我们做出营销动作时,对于消费者的期待是"看见即买",具体表现在:很多营销团队在度量营销效果、判断种草内容好不好时,常常会用"购买链接的点击率""直接进店成本""即时 ROI"这样的指标来算营销账。结果就是最后的营销策略常常导向了优惠促销、持续触达老客和已经产生意向的客群,或者更糟糕的,为了刺激冲动消费而在营销时夸大产品卖点,结果消费者买到手后发现货不对板。长此以往,最终形成没利润、没新客、没有品牌好感度的三输局面。

算对营销账,首先要回到用户的决策过程,意识到营销的目标是帮助用户更好地完成决策、找到解决方案。

算营销账，和算产品账一样，也有"因"指标和"果"指标：

"因"指标其实并不复杂。很多企业在种草时会用极其深奥的数理逻辑去推算和观测种草和生意之间的相关性，试图找到一个能代表用户"被种草了"的指标。但是数理逻辑只能归纳出现象，找不出原因，当找不出原因的时候，现象常常会带来假象。因为在种草的过程中，用户的行为是非常复杂、多变、跨平台、甚至跨越线上线下的。

所以此时，我们需要回到用户的视角，思考一个用户被种草了以后会发生什么。

当一个人被种草后，会有一个高确定性的事件发生——他会对种草的品牌或产品产生下一步主动的行动。比如，当他被种草的产品的相关内容再次出现在他眼前时，他会更愿意点击和阅读；比如，他会收藏相关内容以备后续反复浏览；再比如，他会去搜寻产品名、会在评论区求链接、会关注品牌账号期待得到更多信息。然后最终，随着一步一步对产品了解加深和好感加深，他会成为品牌的顾客和拥护者。

所以"因"指标就是，你的营销动作，有没有持续推动用户产生下一步关于品牌和产品的主动行为。

当我们把每一个能最有效激发用户产生主动行为的营销动作放大时，种草自然会更高效地发生。所以企业需要关注的不只是能带来直接转化的营销动作，也需要关注能让用户再次主动阅读信息的动作、能激发用户搜索和问询的动作、能带来粉丝和分享的动作……

这样就会有源源不断的新用户对企业产生兴趣，然后在一连串有效的营销动作中被推向下一步、再下一步，最后做出购买决策，还有机会成为品牌的口碑传播者。当我们每一个动作都在高效地牵引着用户跟我之间的关系变得越来越近、越来越深时，收获到好的生意结果就是顺其自然的事情。只要回到用户来解题，答案就变得明确而简单。

但是，只有"因"指标还不够，"因"指标只能确定我们的营销策略起头做对了，我们仍然需要"果"指标来度量实际的收益。

结合我们前面描述的用户真实的决策过程和周期，"果"指标也呼之欲出——ROI（T+x）和品牌力。

这里的T+x中的T指的是用户阅读笔记当天，x指的是阅读笔记后的第x天，我们建议将你所在的品类中，用户平均需要用多少天来完成购买决策的天数设为x，所以ROI（T+x）就是观测在用户所需决策周期内的投资回报率。说得更简单一点，就是当你要计算营销动作带来的生意结果时，需要符合用户真实的决策周期。

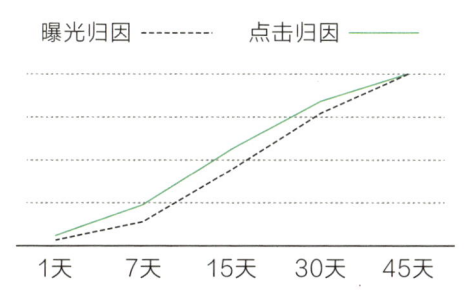

某美妆精华产品，种草内容直到第45天，还在带来大量新增成交用户

某洗碗机产品，种草内容直到第7天，成交用户数才开始陡增

通常，越是投放技巧高超的企业越有完备的数据追踪系统，能让他们可以 T+1 实时追踪种草带来的生意转化，但是实时数据真的能反映出种草的真实效果吗？我们看下面两组统计数据，发现在不同品类，在看过种草内容第 1 天就转化的用户数量都占比很低，种草带来的转化效果直至第 45 天还在持续攀升。

ROI (T+x) 是度量生意的关键指标，**品牌力**则是用于衡量在种草的过程中，用户是否对品牌产生了更强的心智、更深的好感。这个"果"指标是在度量生意效率之外，帮我们判断用户体验是否够好的标准。

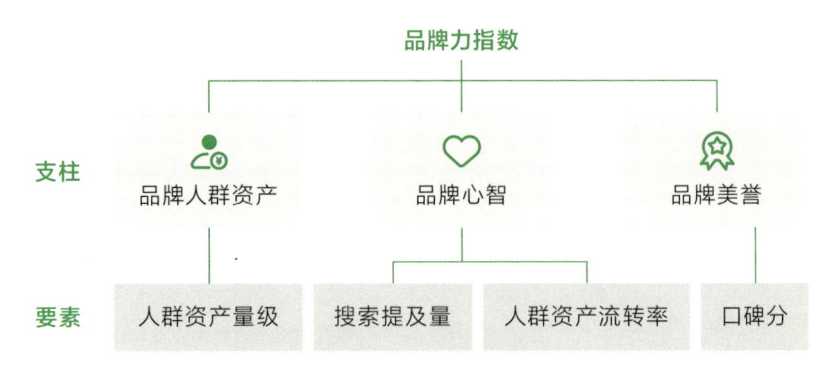

品牌力指数

支柱	品牌人群资产	品牌心智		品牌美誉
要素	人群资产量级	搜索提及量	人群资产流转率	口碑分

小红书的品牌力度量体系结构

"因"指标	营销动作是否激发了用户产生下一步关于品牌和产品的主动行为。如：互动量、产品词搜索量、品牌词搜索量、购物车添加量等。找到最能有效激发用户产生（正向）主动行为的营销动作，进行放大。
"果"指标	度量生意效率的指标： ROI (T+x)（x为用户在该品类下的合理决策周期） 度量用户体验的指标：品牌力指数

阶段总结：一个能持续种草成功的组织长什么样？

种草要求的工作循环是：捕捉、理解、放大、激发。

在员工选择上：最容易理解用户的，其实是用户。因此，能持续种草成功的企业，常常是由大量用户构成的。

- 对于很多岗位，比如负责定义产品概念的人、负责内容的人，在很多时候，对用户的理解反而比专业技能重要。不少种草型企业，在核心岗位上并没有选择专业对口的内行，而是选择用户出身的外行。一个能种草成功的组织，需要有大量用户或能共情用户的人。
- 核心岗位，除了要有理解用户的感受力，还需要有能总结、能使得团队稳定发挥的逻辑能力，所以核心岗位要文理兼修。
- 关注用户是个难以被定量指标考核的动作，需要这些员工能更多地被帮助他人的成就驱动。
- 能共情用户、有帮助他人的成就驱动的人，通常是更有感受力的人。企业如果希望吸引有感受力的人，他们的感受性需要就必须要被公司满足。种草成功的企业，常常有鲜明的理念。理念成为吸引有感受力的人才的关键。对理念的持续践行，也使得人才的驱动力从纯粹地追求职业发展、经济回报，加上了帮助用户的成就感。只有被成就和善意驱动，持续关注用户的行为才能发生。

在组织设计上：当企业有了能理解用户、乐于关注用户的人以后，还要让代表用户的声音能够驱动组织行动。

要让组织能"放大"用户理解的成果。

因此，公司要给能代表用户的部门最高的决策权。有三种方式可以实现：

第一种，是集权，直接赋予代表用户的人或部门足够高的权限，但是这对代表用户的部门来说，对能力的要求常常会过高。

第二种，是建立一种采购关系，让代表用户的部门成为甲方，其他部门成为乙方。甲方也会拥有权力，驱动其他部门了解用户、基于对用户的理解行动。

第三种，是通过讨论达成共识。

最后，仅仅拥有人才、赋予人才权力还不够，要想关注用户等行为得以发生，还需要按照种草的业务要求算清楚账。

算账，既决定了企业的信心、资源分配的方式，也决定了团队会从什么行为中得到激励。

要想算清楚种草的账，最关键的就是要在算账时回到"人"。

在经营上，不能只算效率的账，还要同时算体验的账。要能度量在体验上投资的价值，计算人效时要看到提升体验、关注用户的价值。

不能仅仅算订单收益的账，而是要算用户价值的账：用户价值 =LTV（用户生命周期总价值）+ 用户影响力价值 + 用户建议的价值。

不能仅仅算流量 + 转化率的账，而是要算对用户寻找解决方案的全过程施加影响，帮助用户找到解决方案的整体账。

其中，体验的账是难以用定量的方式算清楚的。

不过，我们观察到的种草成功的企业，常常会让一群用户或者其他能代表用户的人看到产品，把他们对产品的反应——是否被激发，是否渴望购买，作为评判体验的依据。

这些用户的反应，会成为体验提升的标尺。

一旦建成上述体系，企业会在效率循环之外，建立起体验的管理循环。

05
打破惯性，推动组织变革

找到"推动者"，让变革发生

除了选对人、调对组织架构、掌握正确的算账方式，让团队能形成种草的能力，最后一个步骤是打破过去的惯性。每个人、每个团队都有过去工作的惯性，这样的惯性常常成为一个不断"重复过去成功路径"，也不断"获得正反馈"的循环。

而组织的惯性，常常比个人的惯性更为强大，不仅组织中的每个个体会重复过去习惯的工作方式，组织还会按照过去的习惯分配资源、给出评价。当我们希望一个团队能够适应新的工作要求时，不仅仅需要改变一个人，而且是要同时改变人们习惯的行动方式、资源分配的方式，以及评价与激励的方式。

这是将组织从单一的"效率管理循环"带入"体验管理"和"效率管理"双循环运转的过程。

矛盾的是，大多数人是"看见"后才会"相信"的，他们更容易被事实说服；而只有有人先相信，做出行动，事实才会发生。

这种时候，总是需要先有一个人相信并行动起来，他的行动让组织内越来越多的人看到效果，并因此建立信心，更多的人才会跟随他的实践行动起来，将整个组织带入新的工作循环。

这个最先相信并行动的人，就是组织变革的"推动者"。

"种草"的推动者，很多时候是企业的老板，但也未必一定是老板。

在 2024 年元宵节期间，思念食品的"柿柿如意"汤圆在各大媒体上刷屏了，因其独特的形似柿子造型的汤圆外观和谐音"事事如意"的良好寓意，引发各路明星、博主、普通用户自发传播，将"柿柿如意"汤圆一次又一次推向热搜，结果就是"柿柿如意"汤圆卖爆了，甚至一度有一个热搜叫作"谁能买到柿柿如意？"。

"柿柿如意"汤圆的成功，除了产品本身以外，组织的协同和推动者的努力都很重要。

思念食品是一家有勇气去拥抱变化的公司。传统的速冻食品企业通常以线下零售为主，因为只有线下才有冷柜。线上零售常常只是作为线下渠道的补充。而思念食品却早已布局线上渠道多年，2023 年更是给予了电商部门独立的选品权限、更多的资金支持与内部政策倾斜，才让"柿柿如意"汤圆有了在线上引爆的条件。

不过，一开始做线上，到底什么产品才会是线上能卖得好的款，谁也不知道。

当时摆在思念食品电商团队面前的有三个可能的选择：一个是红高粱汤圆，一个是无蔗糖的大黄米汤圆，另一个就是"柿柿如意"汤圆。

要想验证产品，就要先把它生产出来，让用户和博主能够拿到实物。

于是电商团队找到了实验室，询问能不能先生产一小批测试样品。做惯了线下渠道的实验室当时是不能理解这样的要求的，在实验室看来：你干吗要先生产一小批？等我正式生产出来不就行了？

但市场的机会转瞬即逝，正式生产时间周期太长，如果能尽早生产一批，在得到用户和博主的反馈后，针对有可能出现的问题做改进，品质优化的产品就可以更早上市。好在思念食品组织内的协同配合是非常顺畅的，电商团队和实验室快速达成了一致：先测试，再扩大产能。

样品生产出来，当博主们收到 3 款不同的汤圆时，98% 的博主都选择了"柿柿如意"汤圆，这也给电商团队提供了充足的信心。事实证明，当小范围营销开始时，"柿柿如意"汤圆不管从营销转化上，还是用户反馈上，都显著优于其他常规的产品，也优于另外两个选择。

这些数据提交到管理层，管理层在讨论后也相信了"柿柿如意"汤圆可能是爆款，并当即追加了营销预算。

有了营销预算已经过了冬至了，之后还要赶上元宵节，解决生产、物流问题。

电商团队同样推动管理层，一是快速扩大了生产线，保证产能；二是需要解决线上下单用户的冷链物流问题，让汤圆能够保持冷冻状态，送到消费者的手上。

一个个难题的解决，让思念食品电商团队的尝试取得了成功，也让思念食品的各个部门对打破惯性思维后的收益建立了信心。

这个过程里，既需要勇于尝试，能够果断为团队提供支持，也需要团队在有限的时间里未雨绸缪，尽可能提前做准备和应对预案，打造的产品自然会有更大的成功概率。

在一个电商团队小伙伴眼中，她觉得就是要"坚持和执行"。这也正是我们遇到的种草推动者们普遍的工作状态。

点燃"非理性"的火焰

接触很多组织的种草推动者后，我们收集到几个关键词，是对这些推动者的描述。

对于**推动种草成功**的员工，关键词是"**坚持**"和"**感染力**"。

并不意外，为了获取必要的资源、改变周围人的行动，推动者需要能影响他人的感染力；在推动变革的过程中，难免遇到重重困难和阻碍，只有足够坚持的人才能成功。

意外的是，对于那些能够**靠种草成功的企业的创始人**，关键词则是"**非理性**"和"**有趣**"。

不同于我们对企业经营者更"理性"、更有"生意头脑"的普遍印象，若是问这些创始人"是不是想挣钱"，他们都会说：钱是一定要挣的，不挣钱证明你的企业还是不行。

但他们常常一面说着"要挣钱"，**一面又做了很多"不挣钱"的事。**

超级菇菇的产品作为种植玩具，已经不贵了。一根菌菇棒卖 20 多元钱，能种出两斤多蘑菇。他们却觉得这个价格不对，因为决定了菌菇棒主要成本的不是里面的孢子，而是泥土。但泥土随处都有，不应该让用户为泥土花钱。

对于 usmile 笑容加的小红书负责人木木而言，当时让她认可笑容加的一个瞬间是：她看到牙粉、牙贴这些产品最近很火，就问创始人，这么火为什么不做？得到的回答是：笑容加只做确定对口腔好的事，这些产品此刻哪怕有热度，只要没有医学研究证实对口腔真的更好，他们就不会做。

笑容加每年销售额超 10 亿，已经是行业第一的品牌，却没有选择多挣钱，而是不断增加在研发上的投入，员工中有 40% 以上是研发人员。

在木木看来，在做儿童智能电动牙刷时，决定为孩子做一款电动牙刷的出发点，不是"改哪个功能能获得最大的销量"，而是"到底怎样才能更充分地帮妈妈解决问题，让孩子爱上刷牙"。于是，笑容加增加了大量的新设计和新功能，无数激发点的叠加，造就了这个爆款产品。

那什么又是"有趣"呢？

在访谈过程中，聊到"老板是什么样的人"时，常常会有人笑起来。

超级菇菇的运营，说起老板，笑了好久才能说话。她说，老板太逗了。一个身高一米九、看起来很壮实的男人，此前是网易严选的品牌总监，第一次见面时居然穿了一双小熊袜子，还会大大方方地露出来。

徕芬的小红书操盘手阿乐，在加入徕芬前，到前公司刚满一年，本不想跳槽，但是徕芬的 HR 在那几个月，每个月都和她聊几次天。她有一天打算回老家，路上路过徕芬的办公室，就想着顺便去聊聊吧。

结果，面试时发现老板总说大实话，和一般的老板很不一样，她很快被"有趣"的老板吸引，才加入了徕芬。

在与徕芬创始人叶洪新交流时，我们也感受到了同样的"有趣"——他并不像常见的老板那样会维护一个更"高"的自我形象。他会在交流开始前先给旁边的人插上充电宝，说自己有电量焦虑。他会自嘲地说"小米三年汽车都造出来了，自己两年才造出了吹风机"。他说自己"感觉永远没有准备好"，说自己有几个创业过程中的"危险时刻"。讲到徕芬的产品时，他会滔滔不绝地讲一个个模具怎么拆分，而不太理会我们这些听众能不能听得懂，那是他热爱且引以为傲的事。

在接触一个个员工眼中"有趣"的创始人后，我们渐渐意识到，所谓"有趣",是"非理性坚持"的另一种表现。

当我们说"有趣"时,常常意味着"和大多数人不一样"。

我们看到大多数人的日常行动,会知道每个人都有很多考虑,也会遵循很多常规,比如"我这么穿形象怎么样""我这么讲作为老板安不安全"等。

相比之下,有趣的状态常常来自一个坚定的、特别想要的东西。为了追求那个东西,他并不在乎很多其他人在意的东西,就会看起来很有趣。

就像一个在商业世界上经典的成功人士,会是一个"六边形战士";而这些有趣的创始人,是在六边形之外,伸出了一只穿着小熊袜子的脚。

为什么"非理性坚持"这么重要呢?

因为,想要种草成功,我们需要一帮能共情用户、有帮助他人的成就驱动力的人,这样的人会寻找一个能满足自己的"意义感"的工作环境。并且,只有当环境确实在践行着"帮助他人"的工作态度时,他们对意义感的追求,才会在工作中得到满足。

这就要求这些创始人不仅仅靠"非理性"的坚持为用户创造价值,对内也要同样有一些"非理性"的坚持。

当对自己的追求无比坚定、不惜放弃眼前的利益和很多东西,能够对内、对外,甚至在生活中不自觉地坚持时,一个"有趣"的人就诞生了。

这样"有趣"的人常常会造就一个简单的环境,吸引那些更渴望单纯地工作、希望实现意义感的年轻人。

一个我们访谈过的营销人说,一开始看到领导加班,自己早下班,也会有一点担忧。后来自洽了,就会想"在工作时间里高效完成了我的工作,下班就是应该的;领导或许有更多的工作截止日期,所以要加班也是应该的"。

在访谈那天,她比领导早走,走的时候还跟领导笑容灿烂地打了个招呼。

这个招呼,既是出于礼貌,也是隐晦地在检验公司,是不是像她加入时感知到的那样实诚、简单，不搞那种"不能比领导先走"的形式主义。

随着时代的发展，这样的年轻人会越来越多，他们也更可能是用户的代表。

不管是"非理性""有趣""坚持"还是"感染力"，这些都是对种草推动者的要求：

要先找到一个自己坚信，并愿意在几年中不断坚持的东西；

向外释放影响力，感染他人，并吸引、团结更多的同路人；

直到组织看到第一次种草成功，让成功的结果说服更多人。

找到一个自己愿意"非理性坚持"的东西，是推动者要解决的第一个问题。

推动种草的七个步骤

当我们要启动体验管理循环，推动组织发生变革时，通常会涉及三个环节：建立信心、带动行动、建立制度。

在循环第一次启动时，通常先要自己先做出行动，示范做法，让其他人看到结果、感知到效果，对做法建立信心，再带动一批人一起行动。之后，建立制度，保障循环顺畅运行，让每个新加入的人都按照循环的要求行动。

不管你是创始人还是员工，当你要推动种草时，我们会建议你按照下面的步骤进行：

第一，找到一个自己可以坚信的原点。

对自我生活的理解、对一类很熟悉的人向往的理解和共情，可以帮助你找到长期坚信的东西。

当你找到时，你会被它点燃。

它可以是某种理念；可以是你自己作为用户，在追求向往的生活时，发现的某种强烈的需要；可以是你从用户身上捕捉到的，让你为之动容，渴望为用户解决的问题。

这个可以坚持的原点，会给你行动的动力。

第二，释放影响力，争取必要的同志，使得自己具备最基本的资源。

当你开始表达你想做成一件怎样的事、追求怎样的理念时，那些认可同样理念的人和资源，自然会开始向你身边集中。

那些有同样需求的、愿意为了理念而行动的人，会是一开始最好的行动伙伴。

如果他真的能共情用户，也真的愿意花时间了解用户，专业能力很多时候反而没有那么重要。

第三，完成第一次"体验管理循环"。带领团队接触用户、了解用户，践行捕捉、理解、放大、激发的做法。

当你看到用户的问题或渴望、理解用户的向往时，用户的表达也会帮助你激发团队，让团队感知到工作的意义感。

最好能够推动各层级、尽可能多的人接触用户——对更多的人投入更长时间，讲清楚你在相信什么、在坚持什么；在接触用户时邀请更多同事参加，在捕捉到有价值的用户表达时第一时间分享——这些都会有助于让更多人理解，会有助于你获取资源。

很多种草的动作在行动时，都还无法看到数据，难以通过数据论证建立共识，对用户共同的理解和感受，会成为达成共识的主要方式。

这就需要有决策权、能够决定资源分配的人，都能对用户建立具体的想象。

第四，获取资源，让行动得到必要的支持。

一个有效的方法，是让决策者、资源方直接观察到用户被激发的瞬间。

很多成功的推动者，会让最高决策者、关键的资源方出现在与用户接触的第一现场。很多怀疑者在现场看到用户被激发的状态，看到用户语速变快、双眼放光、表现出强烈的期待，会建立起行动和投入资源的信心。

第五，未雨绸缪，减少过程中失败的风险，让第一次成功以更高的确定性，在更短的时间内到来。

如果必要的话，多准备几个预案，提前想好万一遇到了问题怎么办。

第六，不断坚持，带领团队中尽可能多的人在实践中建立"不断接触用户，从用户身上找到新体验"的经验和信念，使得关注用户、帮助用户成为团队中更多人的本能。

在团队做出关注用户的动作时，及时给出正反馈。

在看到数据提升或者种草成功时，不断告诉每个人"是对用户的关注，发现并满足用户的体验要求，带来了目前的成功"。

第七，建立制度，让"体验管理循环"稳定地运转起来。

制度常常由以下几个部分构成：

- 怎么吸引和筛选能代表用户的员工？
- 怎么让关键动作（接触用户）能够在每个员工身上更大概率地发生？比如，坚持要求讨论问题时回到用户，搜集用户反馈、定期接触用户的机制，定期提交自己了解到的关于一个用户生活状态的描述等。
- 怎么让代表用户的声音总能拿到合理的资源？集权、建立采购关系，还是设立各个部门之间讨论用户理解、达成共识的场合？
- 怎么让体验相关的工作，得到合理的评价？你需要教会财务、商业分析等部门，如何用合理的方式算账，减少财务部门自己摸索的成本。可以把报表列出来，带着相关方不断拿着你建立的框架讨论和分析问题。

在这个过程中，推动者是激发整个组织的原点。

先激发自己，再激发周围的人，最终通过产品、营销、服务等工作，让企业不断激发用户。

案例：一个推动者，引领阿芙精油走上转型之路

我们接触过的推动者的典型代表，是阿芙精油的小乙。2016 年刚刚加入阿芙时，小乙还只是个基层员工，今天，她已经是阿芙的第三任 CEO。

几年前，阿芙最擅长的是把握流量红利。在 2011 年左右，阿芙靠着电商普及、淘宝和天猫流量的红利崛起。

那时候，帮助阿芙成功的核心要素是：敏锐的流量嗅觉、快速捕捉流量的反应能力和灵活性，以及盈利导向的生意逻辑。

小乙也是在阿芙的这个阶段，一路从一线经理，做到了 CMO、COO（首席运营官），后来成为 CEO。在她担任 CMO 时期为阿芙打造的团队，是她自己心目中追逐流量风口的梦之队——从一个流量机会被发现到产品面世，她的团队可以在 1~2 个月内完成，远远少于行业需要的时间。

但是，这么一年年做下来，她却越来越强烈地感知到追流量的问题。用小乙的话说，以 10 年看，这些都不是好生意。在一次次追逐流量风口的过程中，阿芙的生意也渐渐跌入谷底。

在阿芙的谷底，创始人雕爷选择回来担任 CEO。小乙在和雕爷的沟通中有机会问出一些后来决定了阿芙战略的问题：精油有几千年的历史了，精油对用户到底意味着什么？有什么对用户不可替代的价值？阿芙对于精油，又意味着什么呢？

雕爷说，这些问题他后来记了好几年。

这些问题，其实是一个企业要解答的永恒的问题。当小乙为自己、为阿芙寻找答案时，一个个课题思考到最后，指向的常常都是这几个永恒的问题。

最终找到答案的也是小乙。她找到的、让自己相信的答案就是"以油养肤"。

有两个瞬间，让她看到了"以油养肤"的价值：

有一次她去做护肤，按照阿芙标准的水、油、水的三明治护肤流程体验完，她发现自己的皮肤变得很透亮，像刚打完水光一样。她意识到，对于滋养皮肤，油真的有用，功效感知得到。

另一个瞬间是，北京工商大学的一位教授告诉她：现在很多护肤品都在宣传透皮的功效，但是本质上国家对护肤品的定义就是不能透到真皮层的。护肤品该做好的就是防护、滋润，这恰恰是精油可以做到的——精油中的不饱和脂肪酸等小分子成分，和皮脂膜亲和度更高，可以高效渗透角质层，实现对角质层的更有效滋润。

"以油养肤"成了小乙觉得在阿芙值得坚持、自己也相信的方向。她也是阿芙第一个相信"以油养肤"的人。

不过，让阿芙从追逐流量风口的模式，转变成只做好"以油养肤"这一件事，在一个为用户创造价值的方向上持久投入，很不容易。

最初，除了小乙，绝大多数人是不相信的，员工不相信，市场也不相信。在最艰难的时期，小乙说"感觉整个组织都是自己的敌人"。

因为涉及转型，难免会有调整。但是在看到最终的效果之前，几乎没有人理解她的考虑和做法。

好在，阿芙的高管们还是信任她的。她也不知道创始人雕爷的信任从何而来，雕爷给了她极大的权限，给她托底。有一次她问雕爷，最差的预期到底是什么样的？雕爷说，别破产就行。

在 CFO 和其他高管的眼中，小乙当时在阿芙 5 年多，从一线经理成长为

CEO，是他们看着长大的。基于对她的了解，他们先给了小乙这个人信任。

但是，对"以油养肤"这件事的信任，要很久之后才来。

至少有信任、有时间，小乙就能按照自己的步骤完成调整。

管理上，她先砍了品线，砍掉了 1000 个 SKU（库存量单位，可理解为一款商品）中的 900 个，节省注意力，将精力聚集到一个战场。很快，阿芙就从什么赚钱就做什么，变成了只有精油可以做，也只有精油类产品可以投放。

在各个业务岗位，很多人不能打破过去的惯性，她就换成会配合推动变革的人，同时精减人员。

在管理方式上，她也做出了调整，从唯结果导向变成更关注过程。不仅要针对关键目标达成共识，也要针对实现目标的姿势达成共识。

在产品上，并不是所有人都适合用油来养肤，干皮才更适合"以油养肤"。她先拆解了干皮有哪些分类，找到不同种类的干皮人群，这些人就成了未来阿芙产品的服务对象。再建立研发、测试流程，之后才是寻找第一款对的产品。

当时，为了实现溢价，很多品牌都在做玫瑰精油、山茶花油等。但是实际上，用花瓣出油效率很低——几十斤玫瑰花瓣萃取出那么一点油，有效成分的含量也并没有那么高。

出油率最高的是种子。亚麻酸、亚油酸、油酸等有效成分含量最高的，也是种子。

如果要质价比高、真的效果好，还得从种子里提取油。于是，小乙找到了阿芙此刻的最大爆款：阿芙 11 籽精华油——用 11 种不同的种子，萃取出油。

后来，在用户盲测环节，让用户比较 11 籽油与其他产品，发现 11 籽油的确效果更好。用户们测试验证出好效果，给了她对于产品的信心。

但是，在上市后两年的时间里，11 籽油都没能打开销量，因为过去的包袱太重，阿芙的营销远比想象中艰难。在整个 2021 年到 2022 年，阿芙都很难找到营销渠道：当时联系任何博主带货，拒绝率都在 80% 以上，而且常常是那些更有影响力的博主拒绝。

有个博主说得很直接：阿芙的黑历史太多了，带其他家的货，比如带个新锐品牌，粉丝会喜欢。带阿芙的货，很多行业里不是问题的做法，放在阿芙身上也可能会是问题，可能会伤害粉丝。

这些黑历史，很大程度上来自阿芙在流量时期的做法。

小乙只能带着团队，一个个博主沟通，一点点谈，用两年的时间，才慢慢打开了市场。哪怕到今天，仍然有 10% 左右的博主会拒绝阿芙的单子。小乙会说："不要紧，我过半年、过一年再联系你。"

有些时候，她会邀请那些最不认可自己的博主来公司，不求合作，专门为了听他们吐槽。这些博主讲话都不好听，但是，在难过之后，她也知道：他们说的都是实话。博主们的观点，代表了某种意义上市场对阿芙的看法。

小乙说："要多找刺儿头，刺儿头说的都是实话。不过也不能太频繁，不然自己能量消耗太快。"

到 2022 年底，CFO 终于相信了"以油养肤"。

那时阿芙的生意仍然很不好。在一次聊天时，CFO 对小乙说：其实他每次看数据时，心里都会预期生意更不好。但是，每个月总会发现，生意比他的预期要更好一点。虽然看数字，还是很艰难，生意却似乎越来越好做了。这个"越来越好做"的变化，肯定意味着做对了什么。

这个过程伴随着更多人的相信。小乙感觉到，一年半的时间里，环境对自己的态度从对抗变成了帮助。几年前，整个组织都是她的敌人；此刻，她感觉到组织在爱着自己。

她说："其实，只要想清楚自己要什么，释放对的信号出去，总会有一些帮助突如其来地来到。"

很多资源，小乙此前都没想过自己能接触到，但是信号一对，似乎突然就来了。比如，某个英国的供应商，并不是她直接接触到的，而是在一个展会上，她和一个人聊起自己要做的事儿，对方就和她说："×××你认不认识？很专业。"

回头看这个过程，不像是找资源，更像是"媒人介绍对象"。

其实，每个人的头脑中沉睡着大量的信息，在大多数时候，这些信息也不会被自己想起。而当小乙开始在市场中释放自己坚信的理念时，这些信息和周围的资源都在被她快速激活。

她回头看来，在阿芙转型期最艰难的那几年加入阿芙的人，也都有点理想主义，都曾经为了某件自己坚信的事长期坚持。用她的话说，都有深信的时刻，冲动过、火热过。

比如，她现在的线下负责人，当过五六年的兵，转业后第一份工作，就为了一件自己认可的事坚持了12年。

这些人是因为认可她的理念、认可她这个人而加入阿芙，也在最艰难的时刻支撑着她，帮她一起完成变革。

在经历了漫长的低谷期后，今天的阿芙又回到了2011年、2012年时巅峰期的收入和利润。

不同的是，上次靠的是红利——电商崛起，而当时精油领域并没有占领心智的品牌。而这一次，靠的是产品和能力。

此前的阿芙，什么品线都做，曾经有700名员工和1000多个SKU。

今天的阿芙更敢做减法，只有200人和100多个SKU，只做"以油养肤"，只服务5种干皮用户。

小乙也为阿芙建立了适应新要求的管理机制。

阿芙的每个人都要直接接触用户，定期走进用户家里，主持访谈用户。当花了足够多的时间与用户在一起后，每个人头脑中都会建立起关于用户的具体想象。比如，讨论产品时，会有人说起，那个哈尔滨的幼教老师怎样怎样。

阿芙也建立了基于用户的产品研发流程。这套流程保证了所有的产品一定会回到用户，任何人的个人偏见，都会被流程所修正，只有用户用下来真正感受好的产品才会推向市场。

阿芙给每款产品都做了标准的管理报表，除了销量、利润等指标，复购、NPS 也是呈现在报表中、每周都要过的指标。不管财务还是业务，每周看到这几个指标的波动，自然就会快速理解——NPS 和复购是因，收入和利润是果。因比果重要。所有人都会渐渐习惯于回到原因、回到用户体验去思考问题。

在开发眼部产品时，一个财务负责人真正站在用户视角提出建议：会做眼部护理的，应该是护肤比较精细也比较专业的用户。她们对产品的要求很可能很高，那这个产品要不要利润率降两个点？这样产品会对用户更好。

阿芙此刻的研发计划，已经做到了 2026 年。

在员工眼中，小乙总是对外释放着影响力。

她成了激发的原点，以自己为圆心，激发着周围的一个个人，并让更多的人相信"以油养肤"。

我们看到的每一个成功的推动者都是如此：他们总是让自己先相信，再以足够的毅力和坚持，让正确的动作第一次发生。他们实现的结果使得他人渐渐相信。他们带动更多人行动，并建立制度，使得体验的管理循环稳定运行，让组织拥有了持续的种草能力。

最后，我们将本章涵盖的内容浓缩成一张金字塔图，方便大家按图索骥。本章的内容来自对多个种草型组织的深度观察、思辨和共性提炼，希望能带给你启发。

层级	内容
趋势变化	用户的消费行为变化
对企业的要求	种草
动作/做法	捕捉、理解、放大、激发
组织/管理	**员工选择** 能力：共情用户 动力：利他驱动 **资源分配** 协同方式：体验驱动协同 部门切分：营销One Team 未来预测：有人为某个人群负责 **评价与激励** 不只算效率账，还要算体验账，从算订单利润，到算用户价值，计算对用户决策过程的整体影响
推动者	**推动变化发生** 找到自己可以坚信的原点。实现第一次种草成功，让团队看到结果，构建信心建立制度，让体验管理循环稳定地运行起来

设计组织 → 做此行动

CHAPTER 4

那些
种草型企业的
完整面貌

建立以用户为中心的组织,
与用户的感受直接对话。

引言
探寻种草型企业

看到这里，相信你对捕捉、理解、放大、激发的底层心法，以及通过组织协作实现种草成功的要点，已经有了初步认识。

到目前为止，我们像拆魔方一样，拆解了关于种草的整体方略和不同构件。那有没有一家企业能完整地将这些构件组合起来，呈现出种草的完整样貌呢？有，而且不止一家。

事实上，在写作本书的调研过程中，我们遇到了很多在种草方面口碑卓著的品牌和企业，正是通过对它们的观察，我们才提炼出了各种"种草"方法论。这些企业的完整案例，也是对前文涉及的各种理论的切实体现和扩充。

因此，我们决定将其中一些有代表性的企业访谈案例，完整地呈现在这里，以便读者更为直观地看到"种草"是如何在一家企业内落地实施的，也能更形象地感受到这些企业的不同气质和风格。

当你决定为种草行动起来时，不妨以这些案例为参考。

有几点需要提前说明：

- 一家企业持续成功的过程，会比本书所描述的更加复杂，在资本、战略等方面，仍然有很多挑战是本书难以完全概括的。我们之所以选择以下几家企业作为案例，更多是因为他们在种草行动方面具有相当的典型性，但这并不代表他们在未来不会遇到困难、能够持续成功，也不代表他们在其他地方完全没有问题。
- 本章内容，来自与企业创始人、高管的对话整理，以及我们对企业的观察。
- 为了便于读者更容易感受访谈氛围，本书在这一章的叙述视角将会从"我们"转换为更彰显第一人称的"我"，"我"代表了当时的访谈者。
- 关于这些企业的部分信息，或许之前的章节中也有提到，不过为了完整呈现案例样貌，少量信息可能会重复出现，恳请读者理解。

01
Babycare：持续孕育爆品的种草型组织

访谈 Babycare 是在 2024 年 5 月 23 日，距离 "618" 电商大促第一波活动开始没过几天。

进入 Babycare 的办公区，我很直观地感受到了大促的氛围——每个员工的工位上都飘着一个红色心形的大气球，看起来像巧克力，气球上印着"同心·同在，同战 618"。

与此同时，与这个氛围不太一致的，是工位旁边巨大的文化表彰墙。不同于很多公司文化墙呈现得密密麻麻的景象，Babycare 的文化墙看起来并不密集，给了每个员工一人多高的巨大版面，来呈现他们的价值观故事。

其中一名来自行政部的员工，大照片下写着"少年气"三个字。

后来，我问他们的首席公共事务官炮哥："什么是少年气？"

炮哥解释了很多，比如是跃跃欲试的、冲动敢为的、更开放的、理想主义的等。

我问他："是不是少年气其实是那种要解释起来很难解释清楚，但是相处时又一眼能看出来的价值观？"

他说："是。"

我想起刚进门时，Babycare 的一位同事说："你知道我们公司为什么叫'白贝壳'吗？因为是 Babycare 的音译。"

谐音的命名方式，就有着显而易见的少年气。

我追问："Babycare 的老板是什么样的人？"

那位同事明显不知从何说起，最后说："是一见面，就很能感觉到少年气的人。"

而在 Babycare 的价值观要求中，是这些有少年气的人，在"秉父母之心做产品"——因此，那些同时有着少年气和父母心，拥有横跨两个人生阶段特点的人，更可能是 Babycare 需要的人。

Babycare 只用了 10 年左右的时间，就成为中国母婴行业著名的"爆款机器"，每年拥有近百亿的交易额，在湿巾、水杯/餐具、婴童洗护等品类，其产品都做到了主要电商渠道销量第一。

此刻，Babycare 正在从线上的电商品牌，逐渐走向线下，成为线上线下并重的全域品牌。

驱动 Babycare 的两个洞察

Babycare 的创立，来自创始人李阔率先意识到了用户的变化，找到了两个洞察，这两个对用户向往生活的理解，帮助 Babycare 确定了长期的发展方向。

第一个洞察，来自 2013—2015 年时，他发现妈妈们开始海淘，很多妈妈为了买到合适的海外母婴用品，开始做海淘功课，寻找货源，研究怎么通关等。

这背后，其实反映了妈妈们对更好生活的向往："当有了更强的消费能力后，妈妈们希望每个方面都让孩子用上更好的产品，给孩子更好的生活。"

妈妈们在那时会海淘海外产品，是觉得海外产品比国内产品有更好的品质，但是，海外产品并不是针对中国宝宝和妈妈设计的，品质虽好，却很难完全适应中国妈妈的需求。

就像 Babycare 早期的第一款爆款"婴儿背带"，在背着宝宝时，中国妈妈会更希望护腰，强调对腰部的支撑，海淘到的婴儿背带支撑性并不能达到中国妈妈的预期。何况中国妈妈的身材也和欧美妈妈不同。同样的差别，还有中国妈妈会坐月子，欧美的妈妈们则普遍不会。

如果能给妈妈们既适合中国宝宝和妈妈的需求，还能拥有海外品质的产品，同时省掉海淘的麻烦，那很可能就会赢得妈妈们的选择。

第二个洞察，则是 Babycare 发现那时候在新手妈妈之间，流传着一张上百行的购物清单。这张购物清单上列着一位妈妈在照顾宝宝过程中需要用到的所有商品，已经在妈妈们之间流传了许多年。

这张"代代流传"的清单，意味着妈妈们在更用心地学习如何照顾好孩子、如何成为一个更好的妈妈，也意味着照顾孩子背后有巨大的学习成本。

当妈妈本身已经是一份很让人疲惫的工作了，那么至少在产品上，能否帮妈妈们尽可能多地做好不同品类的商品，为她们提供一个默认的选择呢？

如果有这样一个品牌，那对于妈妈而言，意味着学习成本的大大降低。

而对于 Babycare，这也意味着将赢得妈妈们越来越持久的支持和选择，可以使营销成本不断降低，让用户对品牌的认知越来越深入，也更容易获得用户的帮助。

就是这样两个看似微小却看到了妈妈们真实需求的洞察,支撑了Babycare至今的成长。

做了大量的"赔钱"动作,反而实现了健康的利润

如果回看Babycare的发展历程,有一个很有趣的反差——发展速度这么快,但Babycare的每一步都走得很稳。在成立第一年的"双十一",Babycare就卖出了500万元的交易额,实现了盈利。截至2024年6月,Babycare连续6年位列天猫"618"母婴行业店铺销量第一。

但是,这么挣钱的Babycare,至今仍在持续做着大量"赔钱"的动作。

比如说,Babycare有一款卖得不错的婴儿床,叫"无漆床",几乎是卖一张亏一张,但是Babycare一直没有下架这款产品。

这是为什么呢?

炮哥告诉我,Babycare之所以会做这个产品,来自从用户身上"捕捉"到了一个现象:不少家庭,都会在宝宝降生之前,提前半年买好婴儿床。

为什么要提前半年呢?是为了散味儿。

这种味道来自婴儿床上的油漆。在父母们眼中,成年人闻到油漆散发的刺鼻气味都有些受不了,更何况是没有抵抗力的新生儿呢?

为了解决这个问题,Babycare就想到:如果不刷油漆,不就不用散味了吗?

不过实际去做时却发现很难,因为在供应链上,此前做婴儿床的代工厂,基本同时也都是做其他家具的家具厂,在这些家具厂里,就没有不涂油漆的生产工艺。市场前景不明,还要开发新工艺,代工厂们普遍是不乐意的。

没有代工厂，就只能自己做。但是自己实际做起工厂，就发现很难，大量的管理和细节问题，工艺上也有挑战。一个很现实的挑战就是：因为没有油漆，就对木料有更高的要求，进木料时肯定要成箱进，但是，里面只有 20% 的木料能用在无漆床上，剩下 80% 的木料都要想办法处理掉。

这就导致了无漆床的成本降不下来，几乎是卖一张亏一张。

但是，炮哥说："不能不做。"

在 Babycare 看来，父母们想给宝宝最安全的、最好的产品，那这个无漆床就该做。在 Babycare 坚持自己的选择时，整个产业链生态也会朝着良性的方向演变。因为看到了市场，几年过去，无漆床如今已经成为一个不小的品类，也有了非常成熟的供应链可以让 Babycare 安心委托生产。

同样的故事，也发生在新生儿纸尿裤上。

大多数新生儿纸尿裤，只是在婴儿纸尿裤中做了个更小的尺码，给新生儿使用。但是，除了尺码大小，Babycare 也捕捉到新生儿相比高月龄的婴儿对纸尿裤会有很多不一样的要求，比如：

新生儿肌肤汗腺密度大，对闷热更敏感，不透气的纸尿裤极易引发"红屁屁"；新生儿大部分时间是躺卧状态，稀便多，更容易发生后漏；另外，月子里，新生儿脐带残端还没有脱落，如果为了避免后漏，让纸尿裤腰变高，容易反复碰到和摩擦脐带残端……因此，材质上、设计上，就都需要针对新生儿的需求重新选择。

从妈妈们是否需要的角度来看，这个产品确实是用户需要的。但是，从商业上来说，这个产品并不经济。因为用户会使用这个产品的时间实在是太短了，只有新生儿会在头三个月使用，规模不足以支撑足够高的生产效率。

但是，Babycare 还是选择了做下去。

Babycare 也做了一个不带货的直播间，只讲育儿知识，"618""双十一"这些时节也不带货。因为大多数的带货直播间，妈妈们待在里面会有压力感。反而是这个不带货直播间，在 Babycare 的所有直播间中，一直有最高的场观、最久的停留时长。

那 Babycare 这么做不是要亏死吗？似乎什么事儿都不挣钱？

Babycare 也有很多商品是挣钱的，只不过，因为要成为消费者的默认选择，他们始终算的是用户生命周期的账，而非让每笔订单、每次交易都挣钱——如果一个产品，自己卖不挣钱，但是能提升用户对其他产品的购买，这个产品就值得做；如果一个产品不挣钱，但是通过这个产品能服务到孕产更早期的用户，这个产品也值得做。

赢得更多用户持久的选择和支持，是 Babycare 所有动作背后的标准。

也正是这些动作，让用户持续不断地感知到惊喜和诚意，让 Babycare 赢得了大量用户的帮助和支持。

用户们也在持续不断地对 Babycare 提出建议。

妈妈们的日常交流是很密切的，在妈妈们日常的交流中，Babycare 的用户们也在将 Babycare 的产品推荐给更多妈妈。

有一款 Babycare 的湿巾，为用户解决问题的场景是：很多妈妈在给宝宝清洁时，发现常见的婴儿湿巾太薄，很容易透，常常会弄脏手。

为什么婴儿湿巾做得太薄？因为此前厂商们主要在卷价格，价格越低、卖得越好，但是价格下去了，总要把成本也降下去，不然谁都不挣钱，这就导致湿巾越做越薄。

Babycare 就决定把湿巾做得更厚。

但是厚度增加，同时也意味着成本和价格的提升。此前的湿巾厂商们一直在努力降低成本和价格，Babycare 突然推出一款更贵的湿巾，一开始卖得并不好。

Babycare 在赌的是：只要我的产品体验真的好，妈妈们用完会有感知，就会复购，也会推荐。

后来的确很多妈妈持续复购，也会把产品推荐给身边的其他妈妈，帮助湿巾打开了市场。这款湿巾一度拿下了天猫 20% 以上的市场占有率。

忠实用户的信任和口碑，帮助 Babycare 大大降低了新产品启动的难度和营销成本。

建成以用户为中心的组织

目前为止，Babycare 在过去 10 年，做出了众多爆款产品。这些产品都诞生自与用户的持续直接沟通。

Babycare 的员工们总是会耐心倾听用户的建议和其他声音，使得在 Babycare 与用户之间建立了紧密的互助关系：

一名 Babycare 的员工，在入职时还是个哺乳期的妈妈。有一天她在内部用户群里反馈，用了 Babycare 的新生儿纸尿裤，但是宝宝有漏尿。

马上，负责纸尿裤的产品经理就找了过来，很耐心地问：当时宝宝睡在哪里？是什么姿势？纸尿裤此前是怎么穿的？

对于新生儿纸尿裤，宝宝在各种姿势下都不漏尿也是个核心体验。

为了搜集不同的导致漏尿的情境，这位产品经理以同样的耐心聊了几千位用户，也实际进入了很多用户的家庭，才能把产品改进得越来越好。

大量用户加入了 Babycare。今天，Babycare 总部的 2000 名员工中，有 500 多位妈妈，都是 Babycare 的用户。

这些内部用户，成了新产品最初的试用者和最早的反馈者。

有的员工尽管不是用户，常常也能共情用户。

Babycare 的营销团队中，有大量还没有生孩子的 90 后、00 后，这些小伙伴虽然没有孩子，却几乎人人都成了母婴博主，因为对用户、对产品的了解，帮到了很多小红书上的妈妈，因此也得到了很多妈妈的关注。

这些员工之所以能够共情用户，乐于投入大量时间关注用户，是因为这个过程也让他们体验到了助人的成就感。

就像前文 Babycare 对员工的描述：有"少年气"，能"秉父母之心做产品"。

这样有父母心和少年气的人在选择公司时，对环境也是有要求的。他们大多数人加入 Babycare，都是因为对 Babycare 的认可。Babycare 也以同样的少年气和父母心对待着员工——既要对公司外的用户好，也要对公司内的用户好。

在很多选择上，我能显著感知到 Babycare 与其他公司的不同：

很多公司基于现实考量，不太敢招孕期、哺乳期的员工，但是 Babycare 的不少员工，正是在孕期、哺乳期第一次接触到了 Babycare 的产品，才决定加入。

Babycare 不仅欢迎哺乳期的员工入职，在公司内，还准备了一个和周围氛围显著不同的母婴室——Babycare 的大部分办公区都是比较朴素的风格，只有母婴室，周围被柔软的材料包裹，尽可能给妈妈员工们被关爱的感受。

哺乳期的员工，公司会准备一个特殊的、粉红色的工卡带子。看到这个带子，其他同事就会知道，这是需要每天休哺乳假、回家照顾宝宝的妈妈。每年到了寒暑假，Babycare 也欢迎妈妈们带孩子来公司，会有专门的人帮妈妈们照看孩子。

这些吸引员工的机制是在员工的反馈中形成的，就像做产品需要用户的反馈一样，Babycare 说："要把员工也当作用户。"

把员工当作用户的关键：一是能收到员工的反馈，二是也得像做营销一样，公司是怎么想的，要与员工有直接的沟通，要在更多的场合传达。

每个月，Babycare 会有一个老板与几名员工的对谈，员工可以报名参加，对谈过程会全公司直播。一开始直播时，人力部门会捏着一把汗，毕竟对谈没有剧本，不知道员工会说什么。

不过，也只有这样，有员工问出同事们普遍在意的问题，这些问题才会得到解答，并被每个员工看到。在对谈的现场，有员工代表其他人不断追问，才能保证解答让员工们理解。

企业的内部问题，会摊开在所有人面前，被面对和解决。

这些被 Babycare 吸引和留下的、身为用户的员工，天然就是能理解和共情其他用户的。有些员工此前没有关注用户的习惯，但是到了 Babycare 后也发现自己"不知不觉间习惯了关注用户，几乎凡事不提用户都不知道怎么说话了"。

这个变化，一方面来自用户的声音无处不在，每天员工们会浸泡在充斥着用户声音的环境里。

比如，Babycare 有个定期接触用户的活动，叫作"海浪之音"。

为什么叫"海浪之音"呢？因为用户就如海浪，要让用户冲刷"白贝壳"（Babycare 的中文音译）。

在"海浪之音"的现场，与很多我们常见的用户访谈的焦点小组不同。

在常见的焦点小组里，旁观者和用户之间常常会隔着一扇单面玻璃，让用户看不见身后的旁观者，而旁观者能看到用户。这其实是在旁观者和用户之间，人为制造了一重隔阂。

Babycare 的"海浪之音",则是让所有参与者与用户面对面坐在一起,倾听用户的表达,同时也能感受到用户的情感和呼吸。

在这个现场,Babycare 会强调要"不带目的地倾听",这时用户才会自由地表达。

在"海浪之音"的现场,用户描述起自己的渴望和生活时——讲到自己从女孩变为妈妈的不容易,身体变化,不知道如何同时养好孩子又照顾好自己——常常会很动容,Babycare 的参与者们也会跟着用户一起流泪。

另一方面,关注用户,来自 Babycare 从上到下的工作要求。

和老板过方案,老板会问:用户是谁?用户要什么?用户会怎么看?

在评审产品时,他常常会说:"今天我和你聊的时候,不希望是和一个营销人聊,而是希望你是用户,如果你是用户,你会需要什么、喜欢什么?"

当讨论新生儿纸尿裤的营销方案时,听完团队的陈述,他问的第一个问题是:"你的用户到底是妈妈还是宝宝?"

他经常喜欢"伪装成"产品经理,出现在一线,与用户直接交流。

和同事评审方案,同事问出的也是用户视角的问题。Babycare 的每个会议室里,墙上都挂着用户的剪影,提醒着员工是在为了用户而工作,提醒着每个人要回到用户层面思考问题。

最终的方案,也要直接面对用户的检验。

在这样的环境下,所有人自然进入了用户的语言。

因为用户的声音无处不在,今天支撑 Babycare 做出新的爆款产品的机会洞察,可能来自任何角度和任何部门的日常工作。

比如,Babycare 卖得很不错的奶瓶系列,解决了宝宝容易吐奶的问题、为宝宝摇匀奶粉时容易出现气泡的问题,而这个产品系列的构想并不来自产品部门,而是来自营销部门,营销部门在用户的内容中捕捉到了需求。

在 Babycare，每个部门、每个人都有提出产品想法的权利，公司也用各种机制鼓励着更多的人提出想法、参与到产品和营销的过程中。

Babycare 为每个员工设立了每月发放 5 枚勋章的制度，可以用来回报那些帮助过自己的人，这些勋章在月底可以兑换成内购的代金券。如果真的有好点子，还有 Boss 点赞．有定期的金点子奖等。

除了奖励，Babycare 也设立了一些机制，保障代表用户的人总是能得到足够的权限。

比如在产品研发上，Babycare 的一个产品会有三笔预算可拿。

第一笔预算，在产品线。那些支撑了 Babycare 大多数销量的爆品，Babycare 的目标是要占领心智，每个产品上都有一笔必须花掉的预算，帮助产品实现占领心智的目标。

第二笔预算，在营销部门。有些产品，也许在产品线看来不是爆品，但是营销部门搜集到了用户的反馈，发现产品其实很好，值得更用心地营销——这个时候，营销部门是有独立的预算和选品权的，可以决定自己卖什么、不卖什么。营销部门也因为对人群的熟悉，有时候会跨多个品线、针对某类人群打包一个产品系列，以求更好服务一个人群。像主打高端人群的"山茶花"系列，就是营销部门针对高端人群推出的产品系列。在他们的理解中，妈妈们的向往是"给宝宝柔软的东西"，而"山茶花"花瓣代表了纯净和柔软。

第三笔预算，在用户运营部门。因为要让自己成为妈妈们的默认选择，Babycare 很早就有了经营用户生命周期的意识，设立了一个专门为提高用户生命周期价值负责的运营部门，每年承担的目标就是用户的 ARPU（平均每个用户为 Babycare 贡献的总收入）从多少提高到多少。有些产品也许独立看不挣钱，但是对提高 ARPU 有价值，运营部门也会有预算，补贴给这个产品。

Babycare 其实是让每个重要的目标，都有专人负责。

而这些专门负责的部门，成了产品的内部"买家"：任何产品，只要能占领心智、能赚钱，或者能提高用户的 ARPU，只要对其中任何一个目标有帮助，就能得到市场费用的支持。

正是这样的设置，让 Babycare 可以做不带货的直播间，也可以持续做一个个不挣钱却能赢得用户更大支持的产品。

一个核心原因是 Babycare 算清楚了账。

Babycare 算清楚了用户的生命周期价值，让反映生命周期价值的 ARPU 提升，成为公司 2024 年的年度大目标之一。

Babycare 追求的是三个"真理时刻"的实现：第一个是用户浏览网页，发现 Babycare 的产品正好满足需求。第二个是使用产品过程中，发现 Babycare 讲的是真的。第三个是再次购买其他产品，发现每次都还有不错的体验。这分别成了 Babycare 追求的营销、产品和赢得用户持久支持的状态。

今天，Babycare 有着全渠道计算营销效果的能力。

也将营销部门整合成了一个整体的部门，用他们的话说：用户很可能会跨全网多个渠道决策。只有让营销部门成为一个整体，各个环节才能顺畅地协同起来。

Babycare 也建成了内部的体验度量体系，用于指导自己的产品研发。

在所有产品的研发过程中，因为内部员工有 500 个都是妈妈用户，可以密切沟通。外部也有大量更专业的用户，会持续给出建议。

这让 Babycare 的产品经理总是能很容易收到来自用户的验证和反馈。

Babycare 也会定期组织有内部用户参加的"三分钟路演"，员工们当评委，产品经理要在三分钟的时间讲述和展示自己的产品。一方面，观察用户的反馈，看用户是否被打动；另一方面，也接受用户提出的问题和挑战，让用户的标准成为支撑产品迭代的依据。如果这一次三分钟路演的反馈明显比上一次好，产品经理就能知道自己的方向对了。

反过来，也只有产品得到内部用户的普遍认可，才能开始找外部用户测试，才可能推向市场。

Babycare 说："自己都不认可的产品，不能卖给用户。"

这样直接来自用户的反馈和标准，成了好产品的保障机制。

不过，仅仅靠内部的反馈，有些时候也难免有偏差。

Babycare 的奶瓶，在研发过程中，在内部花了 8 个月时间，却发现用户不买单，开始与外部用户沟通后，才重新找准了需求。

外部用户的反馈，成为内部反馈的修正机制。

今天，Babycare 每款新产品的发布，一定是先经过内部用户的试用，再小范围的外部用户试用，而后上线销售，验证了用户真的满意、没有大的问题，才开始做营销。

随着收到的用户反馈越来越多，产品总是能有不断改进的空间。

Babycare 说："产品上市，才是研发的开始。"

Babycare 早期的第一个爆款产品——婴儿背带，至今已经改进了近 10 个版本，有了 30 多个相关专利。Babycare 的很多设计，已经成为行业标准。

在小红书上，Babycare 与很多热衷于比较产品、热衷于分享攻略的用户建立了密切的联系，他们常常是建议的提出者、产品的最早体验者和评测者，同时也是在人群中更有影响力的人。

这些人的建议帮助 Babycare 源源不断地找到新机会，也帮助品牌不断改进着自己的每一款产品。

大量用户成为 Babycare 的粉丝，在用户群里，Babycare 的一个调研发下去，短短两天就能收上来 1049 份问卷，不少问卷里，用户都认真写了"小作文"。

有一次，Babycare 在沈阳办活动，有用户专程飞过来，就为了看一看 Babycare 的员工是什么样的人，Babycare 是什么样的公司。

在 Babycare 工作更像是：用户做产品给用户，最终用户帮助企业，实现持续的成功。

在访问 Babycare 时，有一点很让我印象深刻。

今天 Babycare 做的大量的业务线，横跨了耐消、快消、家电、家纺、家具、日用品等，每条业务线需要的能力不同，适合的研发、生产流程也各不相同。

Babycare 的选择是：只要是目标用户需要的，就是自己要做的。

比如在研发流程上，Babycare 的家电业务学习的是华为的 IPD（集成产品开发）流程，在研发之前要反复论证；在童装上则是学习了快时尚的小单快反（基于市场反馈，小批量多次生产产品），研发成本、验证成本都更低，就会先试试看效果。

这样不同的流程出现在同一个组织内，复杂度可想而知。这个时候，其实对企业提出了巨大的挑战，同时建成这么多的能力、形成这么多个独立的组织，该有多难。但这些复杂的组织流程反而成了 Babycare 的护城河。当 Babycare 建成这样的能力要花掉数年时间时，竞争对手要想跟进，也只能投入同样的时间。

员工们也在帮助其他妈妈和宝宝的过程中，收获了幸福感与成就感。

这样的幸福感驱动着他们更用心地了解用户，为用户解决一个个难题。Babycare 说"存在即不合理"，如果你认真地理解妈妈们向往的生活，在母婴品类里几乎每个产品都有巨大的优化空间，总能找到有待满足的需求。

因为坚定地选择了为用户解决问题，选择在企业内部消化所有复杂的要求和难题，使得 Babycare 拥有了来自用户的确定感。他们知道自己在做一件什么样的事，知道只要满足用户的需要，用户一定会给自己更大的回报。

02 方仔照相馆：技术结合体验的新品类开创者

方仔照相馆成立于 2020 年，是一家主打定制积木人仔的创新玩具公司。虽然是积木，但他们的产品可以做到看起来像某个特定的人——用户给方仔发一张照片，方仔会基于照片做出一套积木，用户收到后，可以按照说明书拼成一个还原照片的人形公仔。方仔照相馆的产品一经推出，就收获了年轻人的喜爱，很多用户会买方仔送给朋友或爱人。

2023 年，这家公司实现了 3000 万元的交易额，其创始人徐豪，是一个刚刚博士毕业的 90 后。

用定制积木定格人生的重要时刻

在小红书的广州办公室见到徐豪时，他们一行三人刚从深圳开车过来，那天赶上广交会，路上堵了很久的车。

刚坐下时，我感觉到他和他的两个小伙伴都有点社恐。一个小伙伴从始至终看起来都很紧张，不太说话。徐豪一开始也是有些认生的，但是聊着聊着，他开始越来越松弛地靠在沙发上。让他放松下来的，并不是讲述自己的成就，反而是谈论自己的问题，当说到很多自己犯过的傻时，他会笑得特别开心。

比如，为了让送礼时更漂亮，有一次，方仔做了一个很漂亮的礼盒。结果产品推出去，用户反馈：一旦拼好，该送出去了，发现放不回礼盒里了……送礼的时候就很尴尬，连包装都没有。

讲到这里，徐豪咻咻地笑起来，说他们在设计时，只考虑了拼装前对积木的收纳和保护。

比如：方仔其实今天已经不方了。之所以叫方仔，是因为当徐豪想做拼装人仔时，市场上拼装人仔卖得最好的就是乐高，方仔的积木也是乐高式的积木，所有的人仔都是方头的，所以就把方头人仔简称为方仔。因为人仔拼出来会尽可能还原一个人的形象，就把品牌名字叫成了"方仔照相馆"。

但是今天我们看到方仔的产品时，会发现方仔的脸都是圆的。这是因为有一位方仔的设计师，意识到了女性用户并不喜欢方脸，而是更喜欢圆脸。这位设计师率先设计出了把脸变圆的方案，从方变圆也是方仔提升销量的一个关键转折。结果就是今天的方仔已经不是方仔了，而是圆脸的圆仔。

说到方仔脸不方了，徐豪又笑得很开心。

我感知到他是个坦诚，甚至是因坦诚而快乐的人。他从不避讳谈论自己走过的弯路、犯过的傻，在描述这些问题时，甚至连一点点顾虑和迟疑都没有。

在我接触过的企业家中，坦诚到这个程度的人，也不常见。

当我问他："遇到困难不能解决时，会不会慌？"

他脱口而出："很慌啊！"

我问："一开始怎么确定产品能卖好，能收回成本？"

他也说："就是在赌啊！"

创建方仔4年来，他裁掉了70多个员工，他说："那肯定都是我的问题。"

后来我才理解，也是因此，在团队眼中，老板虽然比公司里所有有经验的人都年轻，但是在相处的过程中，团队丝毫感知不到与他的年龄差，因为老板的迭代速度是最快的。

我知道除了基础素质，关联迭代速度的有两个主要因素：一是复盘，复盘决定了我们会从每一件事中总结出多少规律；二是心态的开放，心态决定了我们能以多快的速度接受问题、面对问题，是否能没有负担地快速改变习惯的做法。

徐豪说，他会把所有事都当作必然。一旦一件事看到了结果，不管成功还是失败，他的本能都是开始思考背后的原因，让自己可以在下次做得更好。在方仔虽然不会有一个场合是专门的"复盘"，但是复盘每时每刻都在发生。

而一个可以笑着快乐地说出自己问题的人，心态是肉眼可见的开放而松弛。

在一个能这么快速迭代的人面前，似乎不会存在无法解决的难题。

我问他，在创业的过程中有没有什么觉得很艰难的事？

他说，第一件艰难的事是量产，第二件艰难的事是怎么卖好。

用算法，支持个性化的用户体验

徐豪的创业始于 2020 年，那时他还是香港中文大学计算机图形方向的博士，和几个小伙伴参加创业大赛，拿到了第一名，2000 万元的天使轮融资到账，他顺势创立了方仔。刚创业时，他博士还没毕业，两年后才回校领的毕业证书。

产品刚刚做出来时，徐豪也并不确定用户会不会有需求，毕竟方仔的产品不是刚需。

不过刚刚上市没多久，没做什么推广动作，他就发现每天能有 50 个订单，而且这 50 个人来自不同的地区、有不同的职业。看到这个信息，他就知道方仔很可能是个大众需求。

初步验证需求之后，马上出现在眼前的难题是量产问题。

大多数用户把方仔当作礼品，通常还是送给女生的礼品。而方仔能做到的最高定价就是 200 元，200 元以上礼品的选择实在是竞争太激烈了，一旦定价高于 200 元，用户宁可去买大牌口红了。

但是，方仔那时的生产成本都远远不止 200 元，卖得越多亏得越多。

就算亏钱，销售也不能停。一旦销售停下来，就没有真实的用户反馈了。关键是如何尽快把生产成本降下去。

而在生产成本降到可以盈利的过程中，徐豪发现有大量的问题并不是花钱就能解决的，既需要他投入更多的精力，又需要漫长的等待。

其中一个花了很长时间才解决的问题是说明书。早期，方仔的说明书不够直观，用户看到说明书时，有些时候零件和操作并不能够完全对应上，就会更难完成拼装。

设计说明书主要的难点在于积木是立体的，拼装时需要时不时换个角度，还要理解零件和拼装位置的三维关系。

在徐豪看来，一份好的说明书要符合三个标准：

第一，容易看懂。

第二，步骤分明。

第三，视角尽可能少变换。

在他看来，说明书行业的标杆是乐高和宜家。可是，行业标杆的解决方案并不适合方仔。

乐高在设计说明书时，会先找人拼一遍，设计师记录下这个人的拼装过程，设计成说明书，也会有专人对说明书做测试。

而方仔的人偶是定制化的，每个用户收到的积木不一样，拼装过程不一样，需要的说明书也不一样。没办法为每个用户都单独做一遍人工设计，只能通过算法自动生成。

实际用算法生成说明书时，很多时候才发现问题不在说明书的设计上，而是上游结构设计的问题：零件的结构决定了最终的积木好不好拼，是不是方便使劲儿、手指一按就能到位。拼装的难度又决定了说明书的设计难度。

所以，在设计说明书的过程中，常常会发现要回去改模具，改上游的产品设计。

在改进产品的过程中，徐豪常常发现，要提升一个环节的体验，总是难以避免与其他环节的耦合问题。为了处理好从设计到生产、拼装环节的耦合问题，他让自己成了一个全链条的工程师。从一开始只懂算法，到懂工业设计、说明书的设计，还要懂生产制造的流程。当全链条都针对拼装体验做出改造时，合格的说明书才能被算法设计出来。

另一个必须要靠时间解决，而不能靠金钱解决的问题，是质检的问题。

常规的积木产品，都是会大量生产同样的产品。这个时候生产线出来的每件产品都应该是一样的，有一样的零件数、一样的重量，所以总是能够找到低成本的方式来完成对商品有没有缺损的质检。

而对于方仔来说，每个用户收到的每一款产品都不一样，是千人千面的，这个时候，行业常规的质检做法，对方仔来说就不适用了。

一开始方仔先安排了质检员，对照设计图，检查每件产品零件对不对。

但是这个方式明显效率不够高，一个人一整天也只能检测几十件。

而在方仔之前，并没有其他企业解决过同类问题，供应链上也没有成熟的解决方案。为了解决这个问题，徐豪不得不自己生产了一台设备——这台设备会从系统里收到图纸，收到图纸之后360度拍摄产品，对图纸和照片完成核对。

还有一个需要花时间解决，同时也将生产成本大幅降低的关键动作，是将积木人仔的组件拆分，拆分成哪些是个性化的组件，哪些是构成了躯体的通用组件，而通用组件就可以大批量生产，实现规模效率，个性化组件则可以用自动印刷技术实现生产。

随着通用组件比例的提升，单一产品的生产成本就会越来越低。

但是，毕竟更个性的"像自己"是方仔的核心体验，通用组件的比例提升，个性化程度降低，消费者会不会就觉得方仔不像了呢？

"像"是一个过于笼统的描述，关键是摸清"用户会怎样觉得像"。

这也是徐豪觉得很有趣的发现，和他一开始想的很不一样。

用户的表达，为徐豪提供了捕捉需求的素材，在看了大量用户提给客服的需求，也看了用户对人仔的反馈后，他才理解了：要让用户觉得像，很多时候只需要有一两个关键的特征。

比如，一个用户要定制人仔作为礼物送给做主持人的朋友，与其把方仔的发型、眼睛、鼻子做得更像这个朋友，不如在其手里增加一个麦克风，更符合用户期望的特点。

除了突出的职业特点，定制方仔的关键特征，也可能是衣服的纹理和花纹，喜欢的发型，这个人常年戴在身上的配饰，如眼镜、耳机等。

也会有用户要求：送给某人的方仔头必须要方，因为他的脸就是方的。某个用户想要一个在迪士尼的场景，方仔积木里必须有米奇的两个黑色大耳朵。

| 同花色的毛衣 | 照片中的手持道具也能生动还原 | 头戴式耳机 |

对此，徐豪的反思是：他觉得自己仍然是一个技术人，其实只懂技术、不懂用户体验，是用户教育了他。

当他作为一个技术人，被用户教育，理解了用户到底会为什么买单后，他意识到，用户是感知不到技术的。我与其在技术上迭代，还不如在前端，增加一个设计师，由设计师来抽象到底什么是好的设计的要素。

后来，方仔团队就增加了设计师。

用户提供照片、提出要求，设计师实现设计，成为方仔"捕捉"和"理解"用户需求，并找到解决方案的机制。

而增加设计师，也注定会增加生产成本。增加的成本还是要降下来，下降的方式还是靠技术。徐豪用技术去学习、复制设计师的工作，将体验的满足能力放大，让设计师的工作效率提升、工作难度和要求下降，重复工作用技术自动完成，成本就降了下来，使得方仔可以低成本服务更多用户。

徐豪说，当方仔的产品成本可以降到 100 元以下时，他的商业模式就跑通了，方仔的量产问题才算是正式解决。

我注意到，方仔需要解决的大多数量产难题，都来自"用户需要的像一个人的个性化体验"与"生产成本"之间的冲突。

"个性化"是礼物的核心体验之一。

在有计算机算法之前，个性化的要求需要通过人工完成，而方仔通过算法替代了人工，实现了个性化成本的降低。

算法技术，是支撑方仔为用户实现新体验的关键。这么看来，比起潮玩公司，方仔更像是一家科技公司。

徐豪不断重复地解决体验与成本平衡问题的方法是：

- 保持接触用户，持续收到用户的反馈，用户的反馈会帮他捕捉到用户的真实需要。
- 基于反馈，先不考虑成本，先提供给用户更好的解决方案，验证用户想要的是不是这样的体验。
- 一旦体验被验证，再用技术手段降低成本。

对体验的理解，是一切的起点。

徐豪说，其实他所有对用户需求的理解、对产品的改变都不是来自数据，而是必须要感受用户，带着同理心去与用户沟通。用户在表达中，会直接诉说自己的需要。

我很少从其他技术出身的人身上听到"感受""同理心"这样的表达。

今天，徐豪自己微信里有 100 多个真实用户。他每周都要看大量用户与客服的聊天记录，客服记录是用户直接表达需求和问题的第一现场。

每次当产品更新或者其他变化发生时，他一定会与用户聊聊，搜集用户的直接反馈，看看用户们是不是真的觉得更好了。

靠团队，解决卖货的难题

卖货问题，则是通过找到对的人解决的。

在回顾两个难题的解决过程时，徐豪说，量产的问题，他可以用技术拆解出来，基本上在行动之前，他就能知道问题将被怎样解决，也能算清楚解决后的成本变化。但是产品能卖多好，他是真不知道。

今天，徐豪仍然自己管理着产品和研发团队。不过其他问题，就要依靠团队解决，比如营销，比如对生产线、供应链的管理，这些能力徐豪此刻并不具备，但是靠团队可以解决。

在我接触过的很多企业里，老板都是企业的瓶颈，一般老板不懂的环节，就很难管好。

虽然徐豪此前并没有工作和管理经验，但关于管理已经有了不少自己的总结和认知。

徐豪说，他在前两年，犯得最痛的错误就是在管理上"试图培养人"。他当时培养了大量的应届生，后来发现整个公司的执行力偏低。

他会"把所有事都看作必然"，本能地复盘，也会说"公司所有的问题都是我自己的问题"，在复盘时更多地从自己身上找原因。

在培养应届生时，徐豪发现，如果有任务没有完成，他常常会归因为"我自己没有培养好"。

但是其实，很多时候更应该去筛选人和要求人。现在再遇到同类问题，徐豪的判断是：如果一个人的工作出了问题，那是那个人的问题；但是如果他连续出问题，还不换掉他，那就是老板的问题。

选错人的问题，只能通过裁员解决，虽然方仔只有4岁，但是已经有过两次大裁员，裁掉了70多人。

每次裁员对他来讲都是痛苦的，因为在他看来，裁员都来自他自己没有做好的事。

面对裁员，徐豪的原则仍然是"坦诚"。

他说，他发现最简单的管理办法，就是你不要骗人，不要想着用一个什么样的话术去与对方沟通。

哪怕裁员时，他发现最稳妥的、让对方感受最好的办法，也是和对方坐到一个会议室里，解释清楚到底为什么要裁员。过程中他也不避讳承认自己的问题。

当他花时间解释清楚之后，对方通常是能理解的，所有的员工全是好聚好散的。

坦诚和不避讳问题，我相信，这也是优秀人才能与他配合，在他的团队里觉得舒适的关键原因。

此刻为方仔解决了卖货问题的营销负责人，是徐豪这么找来的：

他当时面试了大量的人，有的人说只做品牌，不为效果负责，在这个阶段，肯定不敢用；有的人愿意为效果负责，也花过几十亿的大预算，但要求配置一个四五十人的团队，这个阶段也用不起。

遇到现在的营销负责人时，徐豪发现她和其他人明显不一样。

第一点，所有的工作细节她都说得出来。

他们一共聊了三四次，每次交流时徐豪都会追问大量的细节——当时你向谁汇报，你的旁边坐着谁，你们互相之间是怎样分工的？

这个营销负责人都说得出来。

第二点，当问到每个成绩背后的原因时，这个营销负责人能清晰地拆分出，她的成绩里哪些是自己的努力，哪些是平台的功劳。

我注意到，徐豪在招人时，当和同一岗位的大量候选人都聊细节时，细节数量，不仅仅保证了获取到的信息的真实性，也在帮助他理解这个岗位的工作逻辑。当他理解了营销的工作逻辑后，逻辑就成为他识人的工具。

这个营销负责人来了之后，徐豪会怎么管理呢？

她告诉我，老板基本不管她，预算和目标都是她自己报的，徐豪只是确认。只有当某些关键的变化可能发生时，他们才会一起讨论，达成一致再行动，比如说要不要做博主直播，要不要做店播，要不要新设一个岗位或者新招一个人。

剩下的时间，她的团队在做的都是连续性的工作，都是自由的和自驱的。

我就问徐豪：你不管不会不放心吗？

他说，要么不管，要么全管。

如果要全管，就要自己承担起全部的责任。

他是在上研究生时形成了这个认知。当时他在一家大企业实习，他的管理者给他下了个指令，要求他优化某一个环节。

如果孤立地看这个环节，按照领导的要求做，是会更好的。但是他之所以选择一个在领导看来没那么好的方案，是因为他考虑的是整个系统的问题，这个环节如果做得太好，可能会导致系统全局效率的下降。局部最优未必导向全局最优。

这对他的启发是：作为管理者，你要么就不要干预，把全局最优的责任交给别人，你就不要去干预局部，不要微操；要么你就自己为系统负起全责，自己来决策一切的细节。

在管理营销团队时，他觉得自己不懂小红书，也不太懂抖音，更不懂营销，那最好的状态就是不要干预，不要瞎管。

我也和他交流了对小红书的认知，客观地说，他对小红书的认知很深刻。

但是哪怕如此，他也觉得自己是不懂的，他就会管住自己的不安全感，授权和信任下面的团队。

有些时候，让团队自己决策，会容易只看到部门利益，看不到全局利益，为了解决这个问题，徐豪会向所有人开放公司全局信息。

当然，他也承认，开放信息本身也是有成本的，开放什么、不开放什么，也是个性价比问题。

他发现，当开放信息后，很多本来很复杂的管理问题就可以得到解决了——比如，此前市场团队会有人说，产品毛利这么高，我把货卖得这么好，公司这么挣钱，为什么给我的工资只有这么一点？之所以会发出这样的声音，是因为他不知道在生产环节投入了多少成本。但当徐豪把全局信息开放出来后，团队自然就理解了。

每个人都能看到全局时，也会更容易找到自己在全局中的位置和价值。

他也说，这样的选择是有前提的。

第一，必须选择足够优秀的人。

第二，组织不能太大。因为一旦组织大了，优秀人才的密度难免会下降。

当徐豪用授权、开放、坦诚的态度对待他的营销负责人时，他的营销负责人也会这样对待团队的人。

方仔此刻的营销团队有十来个人，营销人员日常要接触用户、关注用户的需求和表达。有些营销人员在接触用户时，是只带着手脚，而没有带着脑子的。

方仔的营销负责人说：在招人时，她会要求每个人必须有思考能力，反复考察他的复盘和总结能力，不带脑子的人不能加入团队。

当团队有思考能力时，就可以放权，让大家有更大的发挥空间，享受成就感。

也是团队的总结和发现帮助方仔找到了越来越有效的工作方法，改进了一个个问题。

今天，方仔的团队，建立了这样的营销方法：

1. 先从确定场景开始。因为方仔的产品并不能为用户解决某一个确定的问题，营销的关键，是要激发用户的需求。

   只有进入了送礼的场景，或者进入了家庭陈列的场景，用户的需求才会被激发，场景是激发需求的前提。
2. 选定最容易被转化的目标人群。
3. 再看哪些博主或媒介，是能够影响和触及这些人群的。
4. 给博主下 brief（创意简报）、寄产品，激发博主的表达欲，帮助博主产出更好的内容。
5. 再从这些博主被激发的内容中选择更好的内容，放大好内容的影响力。
6. 基于预算效果，做全链条的归因，总结出更有效的动作。方仔也建立了还原出每个动作对营销全局的影响的度量方式。当小红书上出现一篇高互动笔记时，他们有办法算出对抖音、天猫销量的影响。

今天，方仔的团队已经总结出了很多行之有效的营销动作。

比如：他们发现，博主能不能创作出好内容，主要取决于博主是否被激发。博主是否被激发，主要取决于收到的人仔是否让他惊喜。所以，在给博主寄产品之前，方仔的小伙伴会翻看博主所有的内容，找到其中博主自己可能最喜欢的照片，把这张照片做成人仔。

方仔在小红书上最早的一篇高互动笔记，得到了 6 万个赞，来自一个只有不到 1 万粉丝的用户。核心要素之一，就是那个人仔的鬓发、领结、格子百褶裙，命中了用户的审美。

在花了两年时间，解决了量产和卖货问题后，2023 年，方仔实现了 3000 万元的交易额。

总结

此刻，我理解了方仔是一家怎样的公司，也理解了徐豪虽然只有 4 年创业和工作经验，但是团队在交流中却不会感觉到年龄差的根本原因：

- 复盘的习惯和开放、松弛的心态，让他有了极快的迭代速度。他会从用户反馈、自己的经历、面试和工作相处中，快速学习。团队说，徐豪的一年，等于别人的好多年。他的迭代速度，不仅体现在理解用户体验找到技术方案上，也体现在管理上。他会在有限的经验中，以惊人的速度发现规律，并快速调整自己的行为。
- 他也是"文理兼修"的人，在学生时代，就打篮球、玩四驱车，曾经把遥控车自己改装成了遥控船。用他自己的话说，他是成绩好的人里，最爱玩的；是爱玩的人里，成绩最好的。"文理兼修"给了他能够感受到用户体验，并理解不同的人和岗位的基础。在团队眼中，徐豪最厉害的，就是同理心和迭代速度。
- 他会从用户身上，捕捉用户真实的需要，并将其用工程的方式实现，通过算法等技术降低成本。
- 对不同的岗位，他会有不同的管理方法。对自己懂的岗位，他会负起全责。对自己可能不懂的岗位，他有放权的勇气，给团队更大的自主空间。与此同时，会用坦诚的态度与团队相处，坦然地面对和接受自己的问题。开放更多的信息，为每个人提供决策的信息基础。

于是，优秀的人自然会团结在他的周围，帮助他解决一个个新难题。

今天在方仔面前，仍然有很多有待解决的难题，比如，产能上，一旦遇到了"520"、七夕、情人节，他们的产能在应对需求高峰时，还是捉襟见肘。生产成本也还可以再降低，生产成本每降低一定的程度，方仔都会打开一种新的市场和可能性。

在为用户实现更好的体验上，这些都是属于方仔的独特问题，每个问题的解决，也会帮方仔形成新的能力，逐渐累积优势，形成方仔自己的护城河。

03
羊织道：为"像自己"的她们创立的品牌

成立于 2021 年的羊织道，是从小红书上崛起的羊绒针织女装品牌。作为新创品牌，羊织道卖到了夏装一件普遍在 600～800 元、秋冬装一件 1000～2000 元的定价，仅在小红书平台，单月 GMV（商品交易总额）就超过了 500 万。

当我走进羊织道时，首先看到的是一个透明的会议室，里面摆着很多化妆品，更像是一个美妆直播间。

旁边指向的会议室名字叫作：中环大道、深南大道、虹桥天地。

羊织道的创始人 Jennifer 进来时，身上就穿着羊织道的最新款针织衫。后面讲到产品时，她会指着自己身上的这件衣服直接介绍设计时的考量。

不同于企业家们常见的风风火火，Jennifer 的语速很缓慢。

很多人面对镜头，多少会有点紧张，当 Jennifer 面对镜头时，我却完全感受不到她的语调、语气有任何变化。在她的身上，有着肉眼可见的松弛。

后来我问她的团队："Jennifer 是不是公司里最松弛的人？"

羊织道的小红书操盘手 Sherry 说："是的。最近几年没见她在任何场合生过气。"

2018 年时，她有时候还会着急。到 2019 年之后，经历了疫情防控、品牌危机后，就再没见过她着急。她变得波澜不惊，似乎一切困难、挫折来临时她都能找到应对办法。

在 Jennifer 看来，反而是这些危机，让她变得更松弛。她说，一方面，对自己解决问题的能力有了自信；另一方面，觉得再大的事也不过如此。

Sherry 说，自己渴望成为像 Jennifer 这样松弛的人。

Jennifer 也希望自己的员工们能自洽生活，找到自己的优势去放大，不内耗，多提高自己的心智能力发展，希望他们成为那些对生活更有热情、对感受有更多要求的人。

羊织道并不是 Jennifer 创立的第一个品牌。

Jennifer 在过去几年间，既做了一家小红书的代理公司，代理了毛戈平等品牌的小红书营销，也做了一个美妆品牌 OUT OF OFFICE（以下简称 OOO），羊织道是她做的第三个品牌。

为什么要做这么多的品牌呢？

Jennifer 说，每个品牌，都映射着她自己的生活状态——确定初心与愿景，找到用户里需要这种状态的更多人。她也希望自己未来能构建一个美好生活的品牌矩阵。

在更年轻时创立的 OOO，她觉得很像二十四五岁的自己，是有冲动、想去创业的状态。

羊织道，则更像过了 30 岁的自己，更松弛，更接纳自己。

她说，洞察是找到一个有需求的空白点，先不在乎最终销量能有多大，关键是在这个品类里能不能做到头部。

她说，她发现的机会，都是来自"以小见大"。

创立OOO时，她是在线上用户的表达中，捕捉到不少用户会说"修容脏"。

为什么用户会这么说呢？

因为用户对妆容的要求在不断提高。很多人刚开始化妆时，都是先从使用"颜色"开始，先是唇彩，之后才是美瞳、眼线、眼影。但是，随着用户化妆审美的提高，她们希望妆容有"立体感"，会尝试修容，用高光、阴影，为自己实现面部的立体感。

更立体感的妆容，是她理解的用户的向往。

但是，当时的修容不好用，才导致了用户会说"修容脏"。Jennifer发现，导致修容不好用的，主要是当时的修容材料都是粉质的，笔也太粗。于是，OOO率先推出了液体修容，笔更细，更容易控制、好晕开，也可以涂改。

不过光工具好了，使用方法太复杂也不行。在普及修容液用法时，OOO又找到了"一点、一提、一拉"这样更容易操作的口诀。我听到这个表达时，一瞬间就觉得很妙。它将一个需要学习和练习的素描问题，简化成了在脸上找到一个点，之后一提一拉的操作步骤，大幅降低了学习和操作难度。

产品的改进、加上对修容手法的推广，帮助更多用户拥有了立体的妆容，也让OOO有了第一个爆品。

后来成立的羊织道，也是"以小见大"，但这个"小"，更多是从一种自我觉知出发。

据Jennifer介绍，羊织道的创立初衷，并不是因为捕捉到了一个用户遇到的、难以解决的问题，而是开始于她对自己生活状态的理解——30+，更自我接纳，更松弛。她推己及人，想为那些同样30岁以上，追求松弛感的女性做一个服装品牌。

我注意到，Jennifer 对目标用户的定义，其实是"有共同的生活向往"。

此刻羊织道总结出来的四大目标用户人群，其中一类叫作"中年少女"——"中年"是现状，"少女"则是内心的向往。

Jennifer 希望有一天，用户说起"羊织道"就能想起有松弛感的生活。而羊织道选择的"针织"，就是传递松弛感的要素。

有了目标人群、品牌理念之后，羊织道才推出了自己的第一个爆款产品——U 形领针织衫。

这款针织衫的设计，除了"针织"这个要素之外，还有一个思考，就是服装除了好看，能不能同时也"好用"？

U 形领针织的好处，用 Jennifer 的话说，穿着它，想露可以露；不想露的话，里面可以搭吊带、搭衬衫，特别百搭，适合更多的场合。

在 Jennifer 看来，羊织道做的是"情绪功能性服装"。

不过，我理解羊织道的功能性，和耐克、李宁等的功能性不太相同。我其实更容易理解运动服装的功能性，那什么是羊织道的功能性呢？

Jennifer 就比画着自己身上的一件衣服，开始讲起她的产品。

她身上穿的是羊织道此刻的新品。

她说，这件衣服的材质是 50% 桑蚕丝，50% 棉，用的是针织的手法。这么选择，是因为棉的质感不够好，没有光泽。桑蚕丝凉爽，会大大提升质感。但是，又不能全用桑蚕丝，否则，不仅仅是贵，桑蚕丝也会太亮。棉加桑蚕丝，质感更好，夏天也能穿。

针织不会皱、好打理、有垂感，就会很有松弛感。

往常的针织衫，只有秋冬才能穿。这就是一件夏天也能穿的针织，而且，是无场景的,上班能穿,运动也能穿。

Jennifer 想为这件衣服打造的,就是一种无场景的穿着感。好打理、无场景,也是松弛。

在听她讲这件衣服时,我也被激发了,这件衣服直接命中了我的需求。
我在出差、工作时,有时候会路过健身房,阻碍我健身的,就是身上的衣服只适合工作,不适合运动。

后来我向她描述我的几个穿衣场景,她都会快速告诉我,我需要什么样的功能,什么样的设计、材质可以满足我的需求。
她和我接触过的服装人很不一样,Jennifer 随口拆解产品的方式,是将其功能与一个个场景要素对应。
她说,基于用户的场景,去发现用户需要什么功能,再去考虑这些功能如何实现,这是现在羊织道团队的本能,几乎人人如此。

在具体做一款新产品时,了解用户的场景、知道用户需要的功能,常常是设计的第一步。
此刻羊织道正在为下一阶段的新品做调研,调研的关键就是了解用户们的旅行方式和目的地:会不会去海边?还是会爬山?是和闺蜜结伴,还是全家一起出游?
在生活中,如果遇到一个瑜伽教练,一看就是目标用户"中年少女",羊织道团队肯定会拉她来聊聊,问问她对现在的产品、在研发的产品的建议。在研发新产品的过程中,团队也会反复找目标用户大量沟通,向用户描述产品设计思路,了解产品是不是用户想要的。

大量新品创意，来自此前用户的建议和反馈的问题。

对一个个目标用户的接触，也帮助团队建立起了对用户共同的想象：

Jennifer 是离团队最近、最容易被观察到的目标用户。团队很多时候做出一张图片，会讨论"这张图片如果 Jennifer 看到，会喜欢吗"。

在羊织道的崛起过程中，其实就是想清楚了用户是谁、想清楚了坚持怎样的理念、找到了做产品的方法，快速取得了成功。

当前羊织道的定价，在羊绒品类中，其实不算便宜。夏装价格普遍 600～800 元，冬装价格在 1000～2000 元。这个价格区间也是一开始就定下来的，此刻已经成为公司的固定策略。

这个价格也很巧妙。同样质感的，有大品牌要卖到 3000 元，这成为羊织道定价的锚点。

不过，在小红书上，也会有一些差评，觉得羊织道贵。

在 Jennifer 眼里，对于差评，她的心态更轻松，她说，差评很大程度上是个产品问题。既然用户说了不满意，就应该改产品。

羊织道并不会做舆论管控。

Jennifer 说，现在消费者都是很理性的，并不是好评返现就能解决问题，有问题是藏不住的，用户的表达也是拦不住的，要尊重用户的表达。

对于觉得羊织道贵的用户，她会带着小伙伴认真地看这些用户的反馈，并与用户沟通。

后来发现，有用户觉得贵的根本原因是：质感不够好。那么，质感就变成了公司今年必须提升的产品目标，羊织道的供应链团队会去内蒙古寻找更好的羊毛。

今年羊织道的一个核心目标，就是要做到"贵得有道理"。

成立 3 年以来，羊织道已经实现了近亿元的年交易额。在 Jennifer 看来，此刻羊织道有很高的营销 ROI，且已经看到了未来更健康的发展方向。

对优势动作的不断重复

我问 Jennifer，她觉得自己能不断做成多个品牌的关键是什么，毕竟能同时做成多个品牌的人并不多。

她说，其实自己一直在做的事，都是对优势动作的不断重复。

什么是她在重复的优势动作呢？她总结下来有两点：

第一，做到比用户更懂用户。如前文所述，她会带着团队大量接触用户、拆解用户的场景和需求、搜集用户反馈，建立对用户越来越深的理解。

第二，用品牌思维做所有事。她会用品牌思维找机会、用品牌思维做产品、用品牌思维做营销，也用品牌思维做公司。

她也说，当前能做好小红书的企业，基本都是对品牌有概念的企业。在她看来，做抖音更像做渠道，做小红书更像做品牌。

所以，对人的要求不同，需要的经验也不同。

在做代理业务时，她选择只做小红书，因为能力要求不同，专注做一个才能做到足够好。

当 OOO 需要同时做小红书和抖音时，她没有让自己的老员工去做抖音，而是完全外招了擅长做抖音的团队。而她的小红书团队，核心成员都是自己培养出来的、有品牌思维的人。

那到底什么是品牌思维呢？

她说，品牌是用户看到什么会想起你、看到你会想起什么，这个想起，会影响用户的行为。

这是用户在意识中建立起来的联系。形成品牌思维的关键，是要对消费者如何做出选择、如何对选择过程施加影响有概念。

在她看来，对品牌有意识的标志是：知道自己不能做什么。

因为，在用户建立联系的过程中，有一些动作，可以强化联系；一些动作，则会伤害联系。不能去做那些伤害联系的动作，而要不断重复那些会强化联系的动作。

她说，她最希望建立品牌思维的是销售团队，但是很难。因为这个"知道自己不做什么"的状态，会和大多数销售的工作状态背道而驰。销售，总是倾向于为了达成业绩什么都干，这样就会伤害品牌。

Jennifer 已经意识到了羊织道品牌很多不能做的动作：

比如，羊织道在此刻不会做短剧（因为目前的短剧不适合羊织道的理念和质感）。会做清仓但是不会特别多，不能破坏价格。在渠道选择上，羊织道要先在针织板块做到小红书的头部，再考虑其他渠道。

她觉得自己对品牌还是懂得晚了。她对品牌的理解，很大程度上得益于对奢侈品的观察。在她看来：奢侈品极致地证明了什么是不能做的，而且只要坚持做品牌，就会有效果。

做一件事要做明白

在还原羊织道的成功过程时，我注意到，羊织道的团队和 Jennifer 都很善于总结，今天羊织道大量的做法和经验，都来自他们的日常总结，这成了 Jennifer 口中的"优势动作"。

不仅仅是对自己工作的总结，也来自对自己了解到的、观察到的其他企业的总结。

Jennifer 会要求团队："做一件事要做明白。"

一件事做成功了，要能复制，让他人也能实现同样的成功。

一件事没做成，也没关系，失败也要失败得明白，也要总结出经验，可以让其他人避免踩到同样的坑。

比如，此前，羊织道对售罄率没有严格要求，就会导致库存积压。当开始要求售罄率后，就渐渐总结出了越来越多关于售罄的经验。

有一次，羊织道与一位带货能力很强的博主合作，决定为她开发一个新品。以这位博主的带货能力，不用担心卖不动。

但团队忽视了一个要素，服装品类退货率很高——卖出 100 件，最后可能因为各种原因退回来 50 件。这个博主能卖那 100 件，但是剩下的 50 件谁来卖？怎么卖掉呢？

没考虑到后续的销售，就造成了库存压力。

今天，羊织道在小红书上的营销方法，也来自一个个经验的总结。

在羊织道看来，比较重要的营销动作主要是这么几个：

1. 选择合适的博主。
2. 让博主做出好内容。

3. 做好配合投放的后续动作。

● 怎么选择合适的博主呢？

关键是了解博主的人设、博主的生活方式，看博主是不是羊织道的目标用户。

了解的方式，就是做笨功夫，看博主历史上的笔记，看她早起怎么送孩子、平常会去哪里玩，在大量的观察后，就能理解这个博主在怎么生活。

如果一个博主是羊织道的目标用户，那么关注她的人也可能是羊织道的目标用户——用户会关注那些代表着自己向往的生活方式的博主。

但是，这么干，就会涉及几个难题：

第一，对团队来说，这么干很吃力，需要管理者花笨功夫，花大量时间重复带着团队看博主、讨论。团队才会慢慢找到感觉，才会越来越熟练。

实际上，在羊织道看来，他们对员工的要求很高，就很难在招聘时直接找到有经验的人，更多的时候是招到理念一致的人，自己培养。

羊织道的小红书操盘手 Sherry，就是 Jennifer 从 2018 年开始，在代理业务中自己培养起来的应届生。

第二，能不能做好，也很看天赋。羊织道招聘时，主要考察的是天赋。

在羊织道，面试小红书运营时，重点会考察的是：灵活性和观察能力。

比如，会看候选人在看到一张照片后，能否看出照片背后代表着什么，有没有对内容的洞察力。

第三，指标如果设置得不对，考核交易、预算、ROI、笔记数量等，也会扭曲团队的动作。

在数量压力下，一旦时间紧张或者看到别人完成得更好，团队难免会失去做正确动作的耐心，会先把数量追上去再说。

所以，要想贯彻质量要求，就必须先放松对数量的考核。

在羊织道，不是不考核数量，该有的数量指标还是在的，但是权重在考核中会大大降低。

考核权重最高的，是找到的新博主对不对——客观指标上，去蒲公英数据平台看博主的粉丝数据，看用户年龄、用户地域分布对不对，博主内容的平均数据、博主是否足够活跃；主观指标上，要看博主的生活方式松弛不松弛。

再看笔记内容对不对，有没有达到羊织道的要求、传递出对的理念。

第四，还需要团队对羊织道理解到位。管理者会时不时对团队来个突击小考试，问一问羊织道的品牌关键词是什么，看员工说不说得出来。

如此精选出来的博主，效果的确好，不过找到一个这样的博主成本很高昂，所以羊织道会和一个博主多次合作，遇到特别合适的，可能一个月就会合作两三次。

此刻羊织道的代言人是董洁，董洁就是羊织道的目标用户，代表的是她们渴望传递的那种更松弛、自我接纳的生活状态。

羊织道也很注意丰富博主的类型。

当前，羊织道的博主，80% 还是穿搭博主。但是，羊织道也会始终保持 20% 对其他类型的博主的测试，尝试找到新的影响目标用户的方向。

● 有了博主，怎样让博主做出好的内容呢？

在羊织道看来，决定内容质量的，关键是选品和 Brief。

选品是有没有选出最适合博主的单品，帮博主完成搭配。

关于 Brief 的经验，来自羊织道对优衣库的学习。

优衣库的 Brief 会很清晰地说明：

我要上新的是什么？

这个系列的主题是什么？

卖点是什么？

我的人群是什么？

我要传递什么？

用羊织道的话说：就是人、货、场都很清晰。收到这样的Brief，完全知道自己应该怎么干。

对比之下，更多品牌的Brief写的是我要多少流量、要多少ROI，反而没把自己的策略写清楚——影响ROI的因素那么多，还涉及品牌、产品等，一个代理或者博主怎么可能为ROI负责呢？

所以，能让博主做出好内容的核心要素是：

第一，不要把责任甩给别人，自己才能为全局结果负责，只能要求合作方负责他们能负起责任的事。

第二，Brief要尽可能清晰，减少执行过程中的不确定性。

后来，羊织道在发给博主的Brief中，主要会描述的是一个画面。只要这个画面实现，就能传递出产品的卖点和闪光点。

比如，最近在做的南法度假系列，就要有松弛感，最好是相机拍摄，抓拍而不要摆拍，照片可以模糊，背景里要有法式拱门，要出现某种风格的搭配。

当然，在一开始做羊织道时，团队发现的需要体现在Brief中的要素还没有那么多，那时候博主比羊织道懂内容，所以他们会更多放权给博主，让博主来发挥和创作。但是，随着做的内容越来越多，团队也会发现越来越多决定内容效果的要素。

在复盘内容时，羊织道不仅仅会复盘自己的内容哪个好、哪个不好，还会复盘自己合作的博主还合作了哪些品牌、会不会其他品牌与她合作的爆文率更高、其他品牌为什么能做到更好……

渐渐地，羊织道比博主更懂内容时，就可以把控得越来越多。

我也问了羊织道，这么细致的要求，不会约束太多、影响博主的发挥吗？

他们说，因为 Jennifer 以及团队在代理业务中已经对博主建立了认知和经验，所以不会约束博主。

在他们的认知中，很多穿搭领域的大博主是很忙的——可能她这一天要和很多品牌方沟通，也要为好几个品牌拍摄，留给每个品牌的拍摄时间可能也就 1 小时。在 1 小时的时间里，不能指望博主去那么了解羊织道、去选品，更不能指望博主自己去调研哪些要素是法式风格的要素。

要想保证效果足够好，这些动作只能羊织道自己做。

如果羊织道已经发现了很多实现效果必须要做到的要素，那还不如索性一次性要求到位。不然博主拍完，反过来再改，对博主而言更麻烦。

当然，前提是你要比博主更懂内容。

按照这些标准做完，最终出来的数据通常都不会很差。如果真有互动差的内容，不能用来投流，但至少图片可以用在商品页面上，直播也可以用，素材的价值会被充分利用。

实际上，在看最终效果时，导致投流效果不好的，常常不是投流环节单独的问题，而是全局问题。所以一旦看到投流效果不好，他们会先回头看看是不是博主没选对、是不是内容没把控好。

回头看来，我意识到持续复盘的习惯帮助 Jennifer 更好地萃取做代理和做品牌的经验。对营销的熟悉、对自身作为用户的了解，帮助她进入了美妆、服饰等一个个陌生的领域。

　　此刻，Jennifer 正在考虑，要不要再做下一个品牌，仍然是来自对自身需求的观察，仍然要进入一个从没做过的行业。

04
亚朵星球：靠爆款突破老行业的新玩家

床品是一个历史无比悠久的行业，成立于 2021 年的亚朵星球，在短短 3 年间，实现了远超行业想象的成绩。

亚朵星球的深睡枕 PRO，在 2023 年卖出了 120 万只，这是整个床品行业几乎从未有产品实现过的数字。

亚朵星球的夏凉被在 2024 年 3 月上市，短短 21 天内，该产品的 GMV 就突破了千万，并于 4 月成为京东和抖音行业销量第一的单品。

此刻的亚朵星球也已经是"深睡"心智的牢固占领者。

而在实现这样的成绩的同时，亚朵星球今年（2024 年）"618"更是刷新了大促纪录，实现了 230% 的同比增长。

做睡眠，而非做家纺床品

相信大多数读者第一次听到"亚朵"这个词，不是亚朵星球的床上用品，而是亚朵的酒店。

当我走进亚朵集团的办公区时，很强烈的感受是，比起办公场所，这里更像是一处居所，而且有着浓重的"睡眠"气息：

木头长凳上有宽阔的白色软垫。一个长长的、顺着墙蜿蜒的屏幕上，显示着深蓝色的晨雾和晨雾中深青的松树。播放着酒店里会听到的很安眠的音乐，空气里闻得到淡淡的香薰。旁边一个透明空间，展示着亚朵星球的深睡枕、夏凉被和它们拆开的材质。

时值上午 11 点，这个空间异常安静。

我走进的会议室有点小，名字叫"梨树湾"，墙上写着"山不过来，我就过去"。

亚朵星球的负责人、亚朵集团高级副总裁牧昆说，亚朵星球做的不是家纺，而是睡眠。基于对用户需求的不断探索，亚朵星球希望不管在酒店的场域还是在家的空间里，用户都能获得更好的睡眠。

在 2012 年，亚朵进入酒店市场时，创始人耶律胤就有一个信念——"与其更好，不如不同"。当时，大多数酒店都在卷硬件，而亚朵是从体验出发，让体验成为企业所有动作的出发点，装修、床品、声音、气味等，一切都围绕着让用户能拥有更好的体验，包括睡眠体验而设计。

到 2016 年时，亚朵就发现，有用户在离店时会问："亚朵的床品在哪里可以买到？"

2018 年时，亚朵开始考虑做一个床品自有品牌，2021 年，亚朵星球正式诞生。

从体验出发，直接与用户的感受对话，是亚朵不管做酒店，还是做零售，共同的出发点。

这样的原则，体现在了亚朵的价值观中。

说到这里，牧昆把她的工牌递给我们，工牌上写着亚朵集团的企业价值观，第一条就是"用户第一"。

不过，很多企业也都说用户第一，挂在嘴上的多，能真正落实到行动中的少。亚朵把"用户第一"实打实落实到员工的行动上，让更多员工去关注用户的感受。

在牧昆的感知中，亚朵的员工们很"温暖"。

最近几个月，小红书上有两条关于亚朵的热门笔记。

一条内容，是一个穿着像流浪汉的人走进亚朵的餐厅，他说不出自己的房间信息，亚朵的服务员并没有赶走他，而是为他端来了一碗面，面上还加了一个荷包蛋。

这个场景被旁边的人拍下来，发到了小红书上。

另一条内容，是在亚朵的一家酒店，有一只流浪狗，亚朵的员工给它买了一个狗窝，让它想休息的时候可以有个趴着睡觉的地方。

那只流浪狗就变成了亚朵的"店狗"，有用户拍照发到了小红书上，有 1.9 万个用户为这条内容点了赞。亚朵的店员回复说：它在这家店开业的那年，就来了亚朵。

这些都是亚朵员工的自发行为，也都是亚朵意料之外的传播。

有几个因素，让亚朵的员工把"用户第一"落到了实处。

第一，亚朵的员工体验很好。

亚朵相信，只有服务好员工，员工才会服务好用户。当亚朵能让员工感受到温暖时，员工才可能用同样温暖的态度对待用户。

第二，亚朵有"全员授权"的制度，每个门店总经理在日常工作中，遇到用户有紧急问题需要帮忙时，在预算范围内可以"先斩后奏"，先帮用户解决问题。

曾经有服务员，开车往返花了 6 个小时，为用户解决问题。

这两点，让我想起了海底捞，也想起了链家，这些在所在行业实现了更好服务体验的企业，同样给了员工更好的体验、更大的权限。链家的创始人左晖说过一句与"把员工当爷"很类似的话："有尊严的服务者，更美好的居住。"

第三，在用户反馈方面，亚朵设立了"体验执法"的机制，让用户反馈驱动体验改进。

在亚朵，每天 21 点，所有亚朵酒店总经理都会收到一份清单，包含当日全部点评。若遇到差评，门店都要写出原因与整改方案，并于当晚在店总经理大群中逐一复盘。

这样的"用户第一"的价值观，从亚朵酒店传承到了亚朵星球。用户的体验和感受，也成为亚朵星球一切思考的出发点。

包括 30 天试睡的退货机制，也会改善用户的感受，会给用户可以放心购买的安全感，也让用户可以先体验再决定。

而因为产品足够用心，亚朵星球的退货率反而低于同行。

重新理解睡眠

当从"睡眠"出发拆解床品的每个品类时，亚朵星球发现，行业现有的理解是有问题的：

比如，亚朵星球最近推出的深睡控温被PRO有两层不同的材质，每层材质提供不同的功能，贴近皮肤的一层负责排汗，外层负责蓄热。而在传统家纺行业内，双层设计的子母被早就存在，只不过通常是两层同样的材质，夏天盖一层、冬天盖两层，实现适应不同季节的功能。用亚朵星球品牌营销负责人曜聆的话说：此前的子母被是让你套两层羽绒服，是物理buff（效果）的叠加。而亚朵星球的2 in 1深睡控温被PRO更像冲锋衣，每层有不同的功能，性能也会更好。

此前行业也一直有把被子的材料越做越贵的倾向，但是亚朵星球会思考一个问题："贵的，就真的体验更好吗？"

在亚朵星球之前，夏凉被行业在产品和营销上，总是会不断提升凉感，似乎"越凉越好"，很多产品在营销时会说"一触即凉"，反复强调极致凉感。但是这么凉，目标用户真的喜欢吗？亚朵星球在观察小红书上的用户表达时发现，消费者们需要的不是"极致的冰冷感"，而是像"山谷树荫下自然的凉风习习"，或是"夏季小溪水流过指尖的沁人心脾"，是"温柔的凉意"而非"刺骨的寒意"。由此做出了属于亚朵的特色夏凉被。

而对用户和体验更准确的理解，成了爆款产品诞生的源头。

回到用户"睡眠"的需要本身，总是能找到机会和问题。此刻，亚朵对睡眠建立了这样的理解，影响睡眠的主要有两组因素：

一组是正面因素——听到了怎样的音乐、感知到了怎样的氛围、遇到了怎样的人、看了怎样的一本书，正面因素可以使人更平静，引导人进入一种更可能实现好睡眠的状态。

另一组是负面因素——主要是各种情况对睡眠的打扰。噪音、光线、太冷太热、对床品的陌生感、翻身时发现枕头失去了对脖子的支撑，都是打扰。减少打扰，也可以帮助人改善睡眠。

亚朵的酒店，通过硬件和软件，同时在正负两面上帮助用户改善睡眠。

亚朵星球的睡眠产品主要能为用户解决的问题，是减少负面因素的打扰，提供更舒适的睡感，让身体在睡眠过程中放松，回归身体更加自然的状态，拥有更好的睡眠体验。

这些理解成为指引亚朵星球选择机会、设计产品等的认知基础，当对睡眠有更深入、全面的认知时，就更容易设计出好产品。

亚朵星球对睡眠的理解的形成，来自这样的过程：

第一步，从与用户密切的接触和对用户的关注开始。

亚朵星球的员工们是愿意接触用户的，有两个原因：

首先，很多小伙伴是有帮助用户的初心的。关注用户反馈，不仅仅因为用户反馈对做好自己的工作、改进产品有直接帮助，当亚朵星球决心为用户做出好产品时，在反馈中，用户的"夸夸"也会让小伙伴很有成就感——在一个会议上，看到有用户反馈说"睡得更好了"，牧昆会发现负责这个产品的产品经理嘴角不由自主地上扬了起来。

其次，亚朵星球的小伙伴们在看到差评后，是可以快速反应，分析问题、解决问题的。

既有关注用户的动力，又有解决问题的能力，亚朵的用户思维就可以落到实处。

亚朵星球也会组织小伙伴去用户家里深访。当走进用户家里，和用户面对面交流 3 个小时后，每个人都会被触动，都会有新的发现。

牧昆自己也会花大量时间与用户直接沟通，搜集用户直接的反馈。

她每天会固定刷小红书，看到关于产品的问题，好多时候都会拿自己的账号回复，久而久之，团队的小伙伴都认识了她的账号。她也在接触用户的过程中，不断刷新关于睡眠的认知，比如用户对睡眠质量的感知通常发生在睡醒后——来自睡了一个好觉，醒来感觉神清气爽的瞬间。

这些用户表达帮助亚朵星球找到了理解用户需求的原点。

不过，用户普遍对睡眠的了解不深，如果直接按照用户的表达做产品，难免会掉到坑里。

第二步，在搜集到很多用户关于睡眠的表达，也看到很多行业常规的做法后，亚朵星球会去思考和验证每一个点，探讨用户们需要的到底是什么，什么是真正最好的解决方案。

比如，在用户的表达中，一直存在着关于"被子轻重"的讨论。亚朵星球研究过一个问题：用户到底喜欢"重被子"还是"轻被子"？

后来发现，轻重其实都不是用户真正想要的。

当用户说喜欢"重被子"时，用户想要的是"贴合"——能包裹住，不跑风，不管怎么动，被子都会贴合在身上。被子重的时候，压在身上，用户会感觉更贴合，产生安全感。当用户说喜欢"轻被子"时，用户想要的则是不闷、能排汗。

当通过用户表达拆解出用户诉求后，就对"用户心目中到底什么是一条好被子"有了更全面的认识：要让温度更稳定，贴合不跑风，也不会因为出汗潮湿而打扰睡眠。

第三步，这些原因的背后，很多时候还能抽象出更根本的原因。

这个根本的原因，常常是对一个问题更简单的定义。比如，关于被子，在牧昆看来，前面说的那几个要素，本质上都是"温度"。

回到被子的本质。当我们在睡眠时，房间内会有几个动态因素导致温度变化：被子外面的空调、暖气、环境温度本身的变化；被子里面的人体也是个热源，人体的温度也会变化。而被子是空间环境温度与人体温度的屏障。

在睡觉时人的温度和环境温度会不断变化，对很多人而言，当感觉温度变化时，会选择调整空调来解决这个问题，这就会打扰睡眠。而如果被子能让人的体感温度更稳定，如果还能像冲锋衣一样，吸湿排汗，那就会是一条更有助于睡眠的被子。

在这样的拆解过程中，除了睡眠体验，亚朵星球还捕捉到了关于被子的很多其他需求，比如，大多数用户会用床上四件套。

此时，用户本质的诉求是被芯"不脏"。但是，床上四件套真的是一个好方案吗？四件套拆装麻烦；有些时候因为没套好或者移动，四件套与被芯贴合有问题，会"跑被"，不管是被子鼓一块，还是被子该保温的地方漏风，都会影响睡眠；四件套的存在也增加了收纳成本；而且，人的油脂、汗液是会渗透的，只洗四件套，不洗被芯，并不是真的干净。让被子本身能直接机洗，才是真的干净。这个需求，是从小红书上捕捉到的。

比如，很多家庭会根据不同的季节进行换洗，要储存多条不同的被子，被子的储藏成本就很高（像我家的被子，占掉了大半衣柜的顶层）。亚朵星球就为被子匹配了晾衣架和像西装一样的外套包，不用的时候可以挂在衣橱里，更省空间。

这一点，也实现了对很多用户的激发。亚朵星球一名员工的妈妈，就是在第一次把被子挂起来时强烈感知到了惊喜。

向更成熟的行业学习，建立流程

将对睡眠的认知转化成产品，也需要流程。

产品开发流程的建立，是亚朵星球爆款之路的起点。亚朵星球的第一个爆款产品深睡枕 PRO，同时也是建立了产品开发流程后的第一款新产品。

在亚朵星球，会这样开发一款产品：

第一步，是产品的创意流程，建立对用户体验要求的全面认知。

大量直接接触用户的营销、客服，更专业的产品经理、供应链的小伙伴们，会一起讨论，补全不同角度的认知和经验，确定什么是用户真正的需求。

因为产品设计要从用户的需求出发，接触用户的小伙伴会带来关于用户的更全面的信息。

但是，仅仅有接触用户的小伙伴是不够的，捕捉到的用户表达很多时候并没有反映用户的根本诉求，还需要有专业的小伙伴贡献关于睡眠的专业视角，更可能理解表达背后的原因。

亚朵星球深睡枕 PRO，就是在这样的讨论中一点点找准了需求。

当时，让亚朵星球一度很纠结的一个问题是：到底做一个各个地方厚度不一样的"异形枕"，还是做"平枕"。

异形枕是行业主流的方案。异形枕的好处是，在用户刚刚躺下的那一瞬间，躺在枕头中心的位置时，感受的确不错。而且营销时，异形枕的功效很视觉化，在视频里看到枕头的形状，就很容易让用户理解它会怎么支撑。

但是，最终让亚朵星球决定做平枕的原因，还是对睡眠的理解：睡觉时，人是不可能不翻身的，平均一晚上每个人翻身 20 次左右——异形枕在刚躺下时感受再好，一旦翻身，头离开了那个最佳点，就很可能被枕感的变化打扰，影响睡眠质量。

保证在多次翻身后，枕感不变，对用户的睡眠更重要。

为此，亚朵不仅仅选择了平枕，还把一般只有 50 厘米长的枕头做成了 70 厘米，这样两个枕头拼起来，更容易覆盖一张 1.5 米的双人床，用户不会在翻身时因为离开枕头被打扰睡眠。

第二步，寻找解决方案，重点是将体验要求转化成指导研发的标准。

在研发阶段，亚朵星球会用机械测试和假人测试来选择解决方案。

假人测试在户外、运动服装等行业早就存在，但是在国内睡眠产品上的应用，这还是第一次。

我们在亚朵星球的产品页面上，经常会看到各种各样的曲线，比如在人体温度和环境温度变化下，亚朵星球的夏凉被可以实现体感温度更小的波动，这就来自假人测试的结果。

有趣的是，哪怕是行业早已存在的机械测试，亚朵星球认真思考其中的逻辑时，也会发现很多环节有问题。

比如：对于记忆绵，行业内是有机械测试的标准的，但是，在亚朵星球的小伙伴们睡在达到了测试标准的记忆绵上时，会发现体感总是不够好。

后来细究这个测试标准的"前世今生"，才发现记忆绵最早是用在汽车坐垫上的，此刻的机械测试标准用的是汽车座椅的标准。

可是脑袋远没有整个人体重，枕头舒适的压力反馈与座椅支撑人体的压力反馈，需要的是两个不同的数值。

甚至于枕头上不同地方的记忆绵，也需要不同的标准，比如：头枕下去的地方更需要让用户感知到包裹；枕头贴合脖颈的地方更需要支撑。

亚朵星球基于对体验的理解，重新调整了机械测试的标准。

机械测试和假人测试，因为反馈快速、精度更高，成了指导产品测试的内部标准。团队只要对着这个参数标准不断迭代方案、不断打版，就能逐渐找到更好的解决方案。

不过，内部标准始终有偏离用户需要的风险，还需要经过用户的实际验证。

第三步，产品验证。

亚朵集团的酒店业务为亚朵星球带来了一些优势：一是对睡眠更深的理

解，二是酒店成为亚朵星球启动时的零售渠道，三是真实、便捷的用户测试资源。

目前，亚朵集团有两家酒店，各 10 个房间，是亚朵星球床品的测试房间。

如果用户同意参与测试，就会被安排到这些房间，房间里使用的是亚朵星球最新的床品，第二天会有人找用户搜集反馈。

不过，与我们惯常的"找用户要一个评分"的反馈不同，亚朵星球在搜集反馈时，会让用户对感受进行完整的描述。团队会统计正负描述的比例，作为最终的评价标准。

而亚朵星球的努力，用户是能感受到的。

最终，当产品上市后的头一个月，亚朵星球会密集关注用户的反馈，每周复盘。

复盘时，既会关注有没有没考虑到或者没解决好的问题，也会关注用户有没有感受到产品中设计的卖点。很多时候，产品设计了 5 个卖点，但用户只感受到了 3 个，这就要寻找原因——其他两个卖点会不会是幻想出来的，用户实际上并不需要？不过，因为不断积累的对睡眠的理解、讨论和测试，他们通常会发现，这两个卖点的确有用户需求，只是宣发时没有很好地传递给用户。

用户实际测试的结果、产品上市后的反馈，也会成为帮助亚朵星球迭代认知、调整内部标准的依据。

这套流程的建立，来自对更成熟行业经验的学习，亚朵星球借鉴的，既有成熟床品公司的经验，也有服装行业的经验。

领先行业的对用户体验的认知、领先行业的产品开发流程，造就了领先行业的产品。

因为要突破行业现有经验，学习更成熟行业的经验，亚朵星球 70% 的员工是从床品之外的行业跨界来的。比如，亚朵星球的产品团队，大多数小伙伴是服装行业出身的。

跨界员工会遇到的主要挑战之一，是认知与经验如何跨行业迁移。

在选择人才时，牧昆一直坚持的要求是："触类旁通"和"坚韧不拔"。

她在面试时，会花很多时间考察候选人的认知，判断他是否有"触类旁通"的能力。

有一个让她印象深刻的小伙伴，在聊到亚朵星球枕头的圆筒形包装时，能清晰拆解出圆筒形包装的利弊：结构实现上更难，但是收纳体积更小，在拆包装时，对比需要摊开很大面积的布袋包装，给用户的感觉也会更省空间、更低负担；不过，布袋包装摸起来触感会更好，与产品的触感会更一致。

这样的小伙伴，能同时考虑包装的成本和体验，除了有跨行业时必要的学习能力，也更能在讨论时与其他小伙伴有效对话，既能贡献自己的认知，也能吸收他人的认知。

她也会关注候选人是否在某些环境中更长时间地坚持过，面对艰难的处境和问题是否可以不放弃，愿意去解决问题。这样的候选人更可能"坚韧不拔"。

当听到这样的要求时，我意识到这其实更像是对创业者的要求。而这样的人才选拔标准，也是很多企业在需要突破行业常规时常见的选择。

而此刻，亚朵星球面对的一个难题，就是这样的人才不容易找到。

"用户第一"的氛围和高人才密度支持着亚朵星球，可以给团队更高的自由度。

牧昆会鼓励团队坚持自己，当每个人都更坚持、更为自己的事负责时，也能帮助亚朵星球不断修正问题和找到突破口。

她允许任何人提出想法——只要有明确的目标、明确的规划、说清楚需要什么支持，常常就能拿到资源。

有些时候，小伙伴们会提出超出亚朵星球此刻认知的想法：

比如，一个新加入亚朵星球的小伙伴，有一天提出要不要做凉席，凉席销量也很大。

在亚朵星球的"老人们"看来，这是个有点"跑偏"了的想法。

哪怕如此，牧昆也没有直接否决，而是问了他几个问题，帮他补充需要考虑的维度。让他调研一下凉席的前世今生，大家为什么需要凉席，凉席有过哪几次大的变革。

这个小伙伴很坚持自己的想法，做了调研，他的坚持也改变了亚朵星球的认知。

今天，亚朵真的开始思考凉席的价值——被子是在人体的上接触面，实现了人与房间之间的温度管理；凉席则是在人体与床褥和床单之间，实现温度管理。凉席贡献的可能是凉感，在人与床褥之间创造了一层透气孔。

对凉席的研究启发了亚朵星球去思考，是否还有对睡眠更全面的解决方案。在这个过程中，亚朵星球找到了突破点、小伙伴有了成就感、用户有机会被更好地服务，实现了三方共赢。

因为从推进自己的想法和帮助用户上获得了成就感，所以在亚朵星球，常常会出现这样的情况：打版 200 次应该能找到足够好的解决方案，但团队小伙伴坚持要打版 300 次，让解决方案质量更高。

"高参与，低认知"行业的营销难题

回头看来，亚朵星球的成功，有三个要素：

第一，是能把握核心问题，提出解决方案。

第二，选择了对的时间点，赶上了媒介的变化，用户的决策更多发生在了线上的内容媒介上。

第三，有非常强的做内容的团队。

亚朵星球的内容团队很年轻，大多数是1995—1999年出生，年轻人更容易理解用户的语言，与用户有效对话。他们也普遍对用户的睡眠问题感同身受。

虽然线上媒介的变化帮助了亚朵星球成功，但在刚开始做线上营销时，如何有效营销在很长时间里，都是难题。

这是由行业特点决定的，睡眠是个"高参与，低认知"的行业。高参与，是因为人人都要睡觉，大多数人多少都有睡眠问题。低认知，是睡眠行业很独特的特点，用户们普遍不知道怎么睡好觉，什么影响了睡好觉，那些看起来不合理的现状，也是低认知的体现。

聊到这里时，我忽然意识到：在睡眠市场中，消费者的认知不成熟。床品行业的大多数企业，是在为当前这个成熟度的消费者做产品；而亚朵星球，是在为消费者认知的下一个阶段做产品。

低认知导致的营销上的难题，是讲参数、讲功能常常讲不明白，用户不能对参数和功能建立起与自我感受的联系。

在牧昆的理解中，"卖点"是产品提供的功能等价值，"买点"是用户感知到的价值。产品团队可以解决"卖点"问题，但是"买点"才是用户会感知到并为此行动的点。在低认知的行业，将卖点转化成买点，与用户有效沟通，是营销上最大的难题。

与用户的"感受"直接对话

亚朵星球在营销上，遇到的第一个难题，是没有博主接单。因为用户"低认知"，博主也"低认知"，觉得自己讲不好产品，就不会接单。

一开始亚朵星球找了很多家居博主，基本都会被拒绝；有接单的，效果也不好。后来，意外的是一位财经博主的内容让亚朵星球看到了好效果。

当时这位财经博主并没有在讲产品，而是在分析亚朵的财报，讲其中亚朵星球的零售业务增长快速，亚朵星球有怎样的产品。

捕捉到这条实现了更好营销转化的内容后，亚朵星球的理解是：因为人群对了，会关注财经博主的用户更大比例可能有睡眠问题且意识到了睡眠问题。

后来，亚朵星球总结了一条经验，选博主要选那些能影响目标用户的人。家居行业博主未必能影响所有目标用户，因为大量有睡眠问题的用户未必会关注家居博主。

今天，亚朵星球深睡枕PRO，作为最早的爆品，在博主选择上走过了三个阶段：

第一个阶段，与垂直的品类博主合作。

第二个阶段，是通过搜索"睡眠不好""失眠"等行为，定位目标人群，找到这些用户关注的、能影响他们的博主。

现在的第三个阶段，则是突破行业人群和睡眠问题人群，循着生活方式开始寻找新人群。比如最近亚朵星球开始覆盖搜索"人体工学椅"的用户。因为会搜人体工学椅的人，可能腰有问题，也会因而影响睡眠；而且，他们会为了改善腰部问题选择人体工学椅，也很可能愿意为了改善睡眠选择亚朵星球的产品。

选定了博主，用什么样的内容与用户对话，也是个难题。

当讲功能、讲参数用户很难理解，无法与品牌建立联系时，亚朵星球的内容就要与用户的感受直接对话。可是描述感受的方式那么多，怎么找到能击中用户的表达呢？

就像前文所述，服装行业的经验帮助亚朵星球建立了产品开发的流程；亚朵星球品牌营销负责人曜聆，在加入亚朵之前做过洋酒，也做过美妆个护，她帮助亚朵星球从这些行业找到了与用户的感受直接对话的方式。

在与曜聆沟通时，我就能感受到，她会本能地把复杂的产品功能快速转化成用户能理解的语言，比如聊起两种不同面料的差异，她会说：盖一种面料的被子，像是睡觉穿了个大T恤，盖另一种面料，像是睡觉穿了个大衬衫。

今天，亚朵星球设计营销内容时是这样的过程：

与建立对体验的认知类似，首先还是从接触用户、搜集用户的行为和表达开始。

比如，团队会看大量用户的搜索词，用户们常常在搜索的是各种选项，比如，被子选几斤合适？买蚕丝被还是羽绒被？

很多企业，可能基于此就直接做产品和营销了，把不同斤数的蚕丝被、羽绒被都做一遍，主打材质更好，总有一款能命中用户的需求。不过，这样反而让用户决策困难。

实际上，因为用户对睡眠的"低认知"，从用户表达中找到的能直接用在营销上的有效信息并不多。

亚朵星球则会在搜索词背后去找寻用户真正的诉求，再把这个诉求转换成用户容易理解、更能感受到价值的语言。

比如，亚朵星球为深睡控温被 PRO 找到的三个价值是：彻底的洁净感（由内而外都能打理，直接可以机洗烘干）、惊艳的穿着感（更贴合身体，不会跑被）、极简的松弛感（没有换四件套的麻烦，收纳起来也更简单）。

这些被提炼出来的产品价值、描述卖点的语言，有些来自对用户的深访，有些来自团队内部的讨论。

像"穿着感"这个词，就是受到了服装行业出身的一名产品经理的启发，运动服装领域有一个词叫作 Fitting，营销团队把这个词翻译成了"穿着感"。

具体对用户的传递上，为了保证内容的丰富性和用户真的能理解，亚朵星球会与博主共创。先给博主寄产品，让博主建立直观的感受，激发其表达欲。再与博主一起讨论，将这几个卖点转化成以用户语言表述的买点。

比如，一位博主把"穿着感"转化成了"你逃我追，插翅难飞"——穿着感所描述的贴合皮肤的状态，其实就是不管怎么翻身、移动，被子都能追上我，保持对身体的良好贴合。

最后，亚朵星球对人群有越来越精细的区分，每个人群都有不同的痛点，也会有更容易被命中的敏感点。

在具体向博主下 Brief 时，亚朵星球不会要求博主必须将所有卖点都传递给某个人群，因为很多卖点该人群可能并不敏感，但是会要求某一点必须传达到。比如，对"富贵小姐姐"人群，着重强调"怎么翻身都能贴合的睡感太惊艳了"；对头疼家务的"新手宝妈"，一定要提到"从家务中解放"。

这个过程，帮助亚朵星球实现了用户、需求、产品、体验感知、媒介、内容多个要素的匹配。

而随着不断复盘、不断总结经验、不断细分人群及匹配程度的不断提升，亚朵星球的营销效果也在越来越好。

曾经，亚朵星球主要的销量是线下。今天，亚朵星球 90% 以上的销量都是线上销量。

此刻，虽然品牌在上升期，还有大量问题有待解决，不过，在曜盼看来，忙得很有成就感。

她在经历过消费品行业多段工作的历练后，早已不满足于只是做一个 Campaign（主题营销活动）的成就感，选择亚朵星球，则是希望在一个正在被改变的行业，推动它的改变。

她如愿体验到了这样的成就感。

在曜聆眼中，牧昆是一个"体力非常强悍的品牌主理人"。

她会从早上 9 点不间断地开会到晚上 11 点，既保持着密集地接触用户，同时，也很愿意倾听大家的声音，还有很多人直接向她汇报。

她也带着团队亲自解决一个个难题：供应链的难题、生产工艺的难题、最早没有博主愿意接单的难题等。

曜聆能感知到，牧昆会从"排除难题"的过程中获得成就感。她有一个坚定的方向——让亚朵星球真正地为用户解决好睡眠的问题。随着对用户、对产业了解的不断加深，她看到了这个方向上越来越具体的行动步骤，每一步的阻碍就是当下要解决的难题，这也更像是一个在一步步接近自己理想的过程。

用户第一、敢于突破、坚韧不拔，坚持打磨产品，给用户更好的睡眠体验，这几个亚朵的特质，从亚朵的创始人耶律胤开始，吸引了越来越多的同路人，也渗透到了亚朵星球的各个角落。

在牧昆加入亚朵时，见了两次创始人耶律胤。

第二次见面时，她听耶律胤说起亚朵集团关于睡眠的愿景，她一面被强烈地吸引，一面也是有些怀疑的——真的会有人有这么大的决心和耐心做好睡眠体验吗？为此，她在入职前，亲眼去看了"亚朵村"，才确定耶律胤说的是亚朵的确在做的。

此后，耶律胤经常说："牧昆是做了背调才加入的。"

在牧昆入职后，她对耶律胤说："中国人缺一条好被子。"

这一次，是她的愿景感染了耶律胤。

三年多过去，亚朵星球正在一步步接近这个目标。

牧昆也将这样的亚朵特质，带给了亚朵星球的小伙伴。

在她的感染下,她的小伙伴们在描述自己的状态时会说自己像"不倒翁",不会被问题和困难打倒。

在做出如此成绩的同时,小伙伴们反而觉得自己很"菜",因为他们感知到了睡眠体验的复杂和实现过程的复杂。在牧昆看来,这是可以帮助他们走得更远的"敬畏心"。

附录

种草常见问题与解答

在为写作本书做调研的过程中,我们也收到了很多企业在种草过程中的问题,同时,我们也看到了一些企业在行动中为这些问题找到了答案,故整理在这里。

答案难免有不全面之处,不过,希望能够对你有所帮助。

选择和预期

1. 我的产品会不会不适合种草?

所有行业都适合种草。

我们在扫描各个行业时发现,有汽车企业(如理想、小米、五菱宏光)种草成功,也有茶饮企业(如霸王茶姬)种草成功;有美妆、保健品等消费企业种草成功,也有旅游(如松赞、迪士尼)、餐饮(如虾小龙)种草成功。

决定一个企业适不适合种草的并不是行业,而是你的产品够不够好,或者你是否决心把产品做好。

因为,用户的变化会影响到几乎所有行业。我们观察到的种草的崛起,更像是一个对体验有要求、会做功课、更能接受他人影响的人群的崛起。这类人群几乎在生活的方方面面都能源源不断地产生新的体验要求,也需要新的产品和服务来满足。

如果你决心为这个新市场做好产品或服务,不管你在什么行业,都适合种草。

而且,不同行业种草会有不同的特点。

目前发现,有两个维度区分了不同企业在种草上的行动差异:

- 一个维度是轻决策还是重决策——对于轻决策产品,比如奶茶,用户决策前不太需要搜索,因此营销动作见效会更快,比起搜索覆盖,吸引还没有产生需求的用户的注意力更关键;但是,重决策产品,就必须做好搜索,就依赖于更多的深度内容,需要更长的时间完成种草。
- 另一个维度是产品的交付是商品还是服务——服务是人对人发生的,人的服务过程就是交付物;商品则是以物作为交付物。在交付的时候,商品更容易标准化,服务可以更个性化;商品有更接近于无限的交付量,服务的交付能力始终是相对有限的;商品的迭代慢,人所提供的服务调整起来则更灵活。

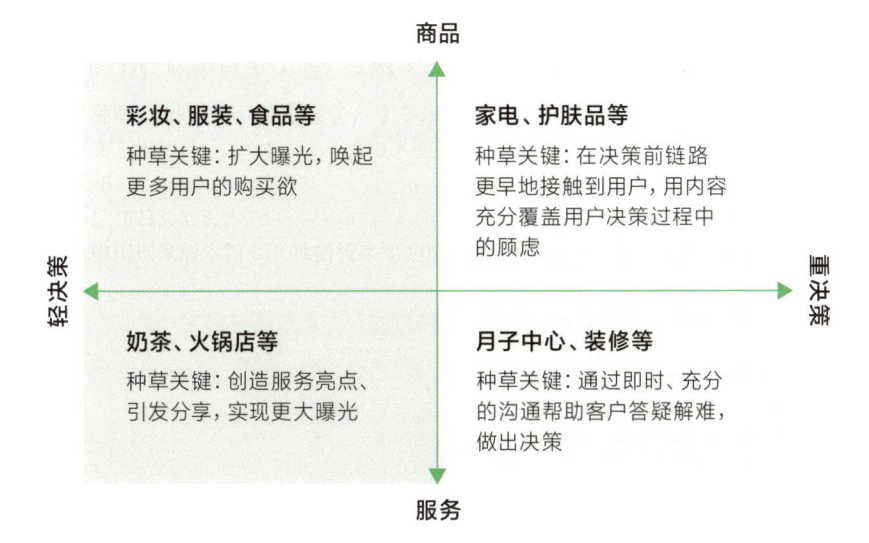

```
                           商品
                            ↑
     彩妆、服装、食品等        │   家电、护肤品等
     种草关键：扩大曝光，唤起  │   种草关键：在决策前链路
     更多用户的购买欲          │   更早地接触到用户，用内容
                             │   充分覆盖用户决策过程中
轻                            │   的顾虑                    重
决 ←─────────────────────────┼─────────────────────────→  决
策                            │                            策
     奶茶、火锅店等            │   月子中心、装修等
     种草关键：创造服务亮点、  │   种草关键：通过即时、充分
     引发分享，实现更大曝光    │   的沟通帮助客户答疑解难，
                             │   做出决策
                            ↓
                           服务
```

（1）重决策，商品：最重要的，是用内容充分覆盖用户决策过程中的顾虑，需要在决策的前链路更早地接触用户，同时用更多有用的、真诚的内容，让用户在每一次的犹豫中更倾向于你，因此见效周期更长，比如护肤品、家电。

（2）轻决策，商品：因为是轻决策，很多时候用户无须搜索，产生购买欲就会快速决策，在执行过程中企业的重点是扩大曝光、唤起更多用户的购买欲，见效周期更短，比如彩妆、服装。

（3）重决策，服务：服务者是能直接接触用户，了解用户的决策过程、了解用户的真实需求的。需要鼓励每个服务者搜集用户的反馈，基于反馈不断改进服务，并通过及时的、充分的沟通帮助客户答疑解难，最终选择自己，如月子中心。

（4）轻决策，服务：需要鼓励服务者创造能引发用户分享的服务亮点，通过不断创造的新亮点，激发用户分享行为，实现更大曝光，如火锅店。

2.种草是不是"玄学"?

如果你能理解用户到底需要什么、理解用户怎样做出消费选择,种草就不是"玄学"。

(1)在产品开发上,关键是理解用户全面的需求。

徕芬说:"做硬件确定性很高。"

让徕芬在产品上找到确定性的,就是对用户需求的足够全面的了解。

这样几个方法会对你理解用户全面的需求有帮助,基本思路就是捕捉用户的表达。

第一,当你定义清楚一个人群后,你可以找用户询问"买过哪些相关产品?每次为什么选择它?"或者在小红书上搜集用户聊到相关产品时提及的关键词。这两种方式,都将帮你了解用户全面的需求,并且对用户更在意什么做出排序。

第二,你可以拆解产品,分析销量背后的原因。购买产品也反映了用户对不同体验的偏爱程度,购买也是很值得关注的用户的主动行为。

第三,你可以按照本书第二章的方法,在小红书或者其他用户直接表达的渠道,寻找能激发用户的新体验要素。

(2)在营销上,关键是理解用户的决策过程。

我们接触到的营销出身的创业者,普遍觉得种草在营销上有极高的确定性,主要原因是来自他们对用户决策过程的了解,和对影响用户决策过程方法的熟悉和掌握。

决策过程,简单来说,就是从用户"意识到需求"到"扫除顾虑",再到"决定购买",用户做出决策的全过程。包括了下面的一些具体环节:

- 用户会跟随哪些博主,为更好实现向往的生活方式获取信息?

- 用户会搜索哪些搜索词？
- 用户会在哪些媒介对商品做出比较？
- 用户会在哪些渠道找到商品，比较价格？
- 用户会在哪里购买？

我们在营销时，作用于这些环节的动作都会有价值。

很多时候我们做了动作，发现没看到销量的提升，常常要么是动作质量不够高，要么是在这些环节中没有做全——有些环节没做到位，导致其他环节的努力功亏一篑。

用户的决策过程，可以通过如下方式获取到：

第一种，询问用户。

第二种，观察用户的上下游行为。

第三种，观察行业、品牌的相关搜索词等。

三种方式同时使用，决策过程会清晰可见。

理解用户的决策过程、对每个环节的效果建立监控和度量机制，种草的营销就不会是"玄学"。

3. 种草会不会很花钱？

相比于流量转化的营销模式，种草在营销阶段需要的预算反而会大大减少。

实际上，相比于流量转化模式，种草是预算分配结构的调整：

- 产品研发阶段，种草需要为一款产品投入更长的研发周期，也要投入可能更高的实现新体验的研发成本。但是，新品成功率会大大提升，产品失败导致的资源浪费会大大降低。
- 营销阶段，因为借助了用户的影响力，营销效率会大大提升。

如果你决定成为某个市场的心智占领者（我们也建议你以心智占领者为目标，构建品牌的护城河），那么你需要花掉与市场规模相对应的预算。

不过，花这笔预算的前提，仍然是你的产品真的足够好，用户足够喜欢，会帮助你传播。

我们更建议你把种草的预算投入，当作一个投资问题去管理。

每个环节必须达到一定的标准再追加预算，进入下一个环节，这样，你的预算风险会降低，你会看到每个阶段追加预算，都在以越来越高的确定性换得相应的回报。

你可以参考下面的流程，来管理投资风险：

（1）验证机会。在这一点上，观察用户是否被普遍激发，会被普遍激发的，就是可能让你做出好产品的机会。

（2）验证产品。产品发售后，用户是否乐于分享，在用户的讨论中是否有关于产品的问题——如果有问题，建议解决掉问题，保证足够高的好评率、没有硬伤，再进入营销阶段。

（3）营销阶段。先了解用户的决策过程，通过内容覆盖用户决策过程，让足够高比例的用户从决策过程的上一环节进入下一环节，再增加营销预算。

（4）心智占领者阶段。对用户的提及率、品牌认知等指标建立定期测量机制，找到提升用户认知的方法再追加足够的预算。

我们看到，很多产品只花了很少的钱也取得了不错的效果。

比如，很多服务业品牌，因为服务能力有限、目标市场规模有限，成为该市场的心智占领者并不需要很大的预算；比如，虾小龙，主要需要占领的，是"长沙旅游必吃"的心智，并不需要准备很大的预算。

很多美妆、母婴等品牌，在起步阶段，因为产品足够好，起步阶段需要的预算并不多，在验证效果后才追加预算。

4. 种草需要多长时间才能看到效果？会不会很花时间？

如果你关注的效果是销量的变化，那么种草可能会显得更慢，不过这样的慢不是由于种草的做法导致的，更多是因为用户的决策周期变长，同时覆盖用户决策过程需要的内容量增加。

不过，如果你关注的是：我的产品做出来，如何判断用户是否满意？我针对某个用户顾虑的问题加以内容覆盖后，多长时间能看到效果？这样的效果会很快。

当你的产品真的能够激发用户时，只要你的产品开始发售，很快就能看到效果。就像 usmile 笑容加在推出儿童数字牙刷后，看到第一批用户的分享，时间不到一个星期。

当你的内容更好地打消了用户的某个顾虑时，你也会很快看到用户进入下个决策环节的比例快速提升。

但是所有这些动作转化成销量，需要等待下面几个时间：

- 因为用户更相信用户的内容，企业等待用户分享发生、产生足以支撑其他用户决策的内容需要时间。
- 因为用户决策过程变长，企业提供足够数量的内容、覆盖用户的决策环节，也需要时间。

上述时间，你可以通过与博主合作、购买广告等方式，缩短覆盖内容的周期。

不过，哪怕是你覆盖了商业内容，用户也会在商业内容下寻找其他用户的评论，判断商业内容是否真实。当你希望影响这些决策周期更长的用户时，等待更长的时间几乎是不可避免的。

不过，所有快的事很少成为护城河。

当你决定种草时，用户的口碑、累积的内容，都会成为提高营销效率的护城河。

5. 种草前，要做好哪些准备？

种草对前期资金投入的要求其实不高，而且如果你能先打磨好产品，让用户乐于分享，营销效率会很高。我们接触的不少种草成功的企业，产品都以很快的时间实现了正现金流。

种草前，你需要提前做好的，更多是心理准备：

- 你是否决心进入这个市场？
- 是否愿意长时间亲自接触用户，搜集用户的反馈？
- 是否决心为了服务好用户，解决每个难题？
- 是否接受从开始种草到看到销量提升，可能需要更长的时间？
- 是否找到了一个自己渴望为用户解决的问题，或者能让自己燃起热情的理念？
- 是否比大多数人更了解这个人群？

只要做好这些准备，如果你选择的是一个低门槛行业，或者虽然是高门槛行业，但是有跨越行业门槛的资本，就可以开始种草。

我们看到大量行业新人，不依赖投资，通过种草取得了成功。

产品开发

6. 怎么找到好机会？

Babycare 有一句话说得很好："存在即不合理。"在他们眼中，机会无处不在。

找到好机会，主要要解决两个问题：
（1）发现机会，主要比拼的是对用户的理解。
实际上，当我们能对用户建立更深的理解，形成对向往生活的领先认知时，你会发现机会几乎是无处不在的。
（2）选择机会，在发现的机会中，决定做哪些、不做哪些。

四个要素会帮助我们判断一个机会是不是好机会：
第一，市场大小。
市场越大，意味着把握机会后获益越大，但是同时也意味着竞争会更激烈。选择市场是机会收益和未来竞争之间的平衡。
第二，机会是否为真。
主要是用户是否需要。
第三，自己能否做到。
第四，是否有机会赢得竞争。

主要看当前竞争是否激烈、自己是否相比对手有竞争优势，或者在竞争对手跟进之前有限的窗口期内能否建立足够的竞争优势。

7. 怎么做出爆款产品？

雷军说："爆款来自全面的优秀，外加至少一方面杰出。"

如果我们要做出爆款产品，通常要同时解决下面这三个问题：

第一，要"好"得足够明显。

产品为用户满足了一个新体验，或者在某些老体验上做得明显更好，且用户在使用过程中可以感知到更好，因此产品能够实现对用户的激发。

第二，要做到全面优秀。

产品在其他用户在意的体验上，不能有太大的坑。

第三，准确地取舍。

有些时候我们为了实现新体验或者在某些老体验上做得更好，会影响某些老体验的实现，此刻就需要取舍，判断哪些更重要。

母婴品牌 BeBeBus 的做法值得借鉴：

BeBeBus 在设计产品时，有一个原则，叫作"帮用户减少一个动作"。

因为他们做的不管是婴儿背带还是智能安全座椅，用户常常遇到的问题是：要想实现带孩子出行的目的，需要完成大量的操作，比如婴儿背带背一会儿就容易松，BeBeBus 就做了个更方便紧背带的旋钮。

他们最近的爆款产品是太空舱智能安全座椅，产品设计的灵感来自对父母把孩子固定在安全座椅上的操作的观察。常见的智能安全座椅，父母要把孩子固定好，需要钻进车里，在后排狭小的空间里完成操作。BeBeBus 就做了个可以主动转向的智能安全座椅，在父母固定孩子时，安全座椅转向车门的方向，让父母可以在车门外操作后再转向前方。

对用户操作的拆解，帮助 BeBeBus 了解了用户全面的需求。可以在车门外操作，是 BeBeBus 发现的可以激发用户的新体验。

但是，当为婴儿安全座椅增加一个运动的结构、增加电机时，也引入了新问题：

首先，安全座椅结构会变复杂。复杂的结构更需要通过安全测试，测试成本会增加。因为有了供电要求，就要与汽车内供电连接，也会更难。BeBeBus还在安全座椅上加了个屏幕，这样的事供应链也没做过，就需要与供应链一起开发，开发成本要BeBeBus与供应链企业共同承担。因为产品更复杂了，售后问题也会更多，也会增加成本。

其次，成本增加，就导致定价要变高。相比于一般1000元左右的安全座椅，BeBeBus的智能安全座椅要卖到5000元。

但是，BeBeBus最终做出的取舍是：选择为父母减少操作而接受高定价。

因为让孩子坐上安全座椅，是父母们要重复很多很多次的操作。而5000元的定价，虽然贵了，但好在还在用户可以接受的范围。

同样的取舍问题，也发生在BeBeBus的第一款婴儿车上。

当时，这款婴儿车除了功能，颜值也是突破点。BeBeBus做了白色、皮质、圆形的婴儿车外壳，实现了年轻妈妈们喜欢的高颜值，有识别度的造型和配色也让妈妈们更乐于传播。

不过，作为经常要推去户外的婴儿车，白色是容易显脏的材质，BeBeBus之所以坚持做白色，是基于这么两个逻辑：

第一，如果是在城市环境使用，整体环境还是比较干净的，没那么容易脏。

第二，哪怕脏了，皮质也会是一擦就能快速变干净的材质。

参考BeBeBus的案例，在做产品时，我们会建议你这么操作：

（1）每个用户关于产品全面的诉求，可以写成这么个公式：

用户体验＝用户想要的（解决问题、情感诉求、审美需要等）－用户不想要的（金钱、时间、操作等成本）

做出好产品，关键是把这个公式中用户想要的和不想要的都找全。观察用户操作、询问用户的选择理由、搜集小红书上用户的讨论关键词，可以帮助你列全。

(2) 其中，并不是每个要素都同等重要，有些要素用户更在意，有些要素用户更不在意。找准什么更重要会帮助你做出取舍。

(3) 好的产品机会可能来自以下几种情况：

要么，是新要素的发现：公式中有一个要素，行业普遍没有意识到，你先发现了，这就是新体验。

要么，是对重要程度认识的刷新：公式中有一些要素对某类用户更重要，行业现有的做法却做出了错误的取舍。

要么，是在已知要素上，通过技术、模式、新的供给等找到更好的解决方案。

(4) 实现新体验，同时基于对重要性的排序做出取舍会帮助你找到好的产品机会。

(5) 好产品的实现过程，常常会对现有的工艺、供应链等解决方案提出挑战。因此，要有决心战胜难题，为用户实现更好的解决方案。

(6) 也需要建立流程，保证产品在概念期、设计阶段、试产阶段、正式生产阶段，确实更好地满足了用户需求。

确立产品概念时，可以对用户讲述，观察用户是否被激发。

在有了可以体验的产品后，让用户实际体验。既要关注，我们渴望激发用户的新体验用户是否能感知到、是否会被激发——好体验要让用户能感知到才有价值，也要关注用户是否发现明显不如其他产品且难以接受的问题。

经过这样的验证，产品成功概率会大大提升。

(7) 产品上线后，随着用户量的提升，产品会不断暴露出新的问题。

要搜集用户的反馈,尽早为用户解决问题。

用 Babycare 的话说:产品上市,才是研发的开始。

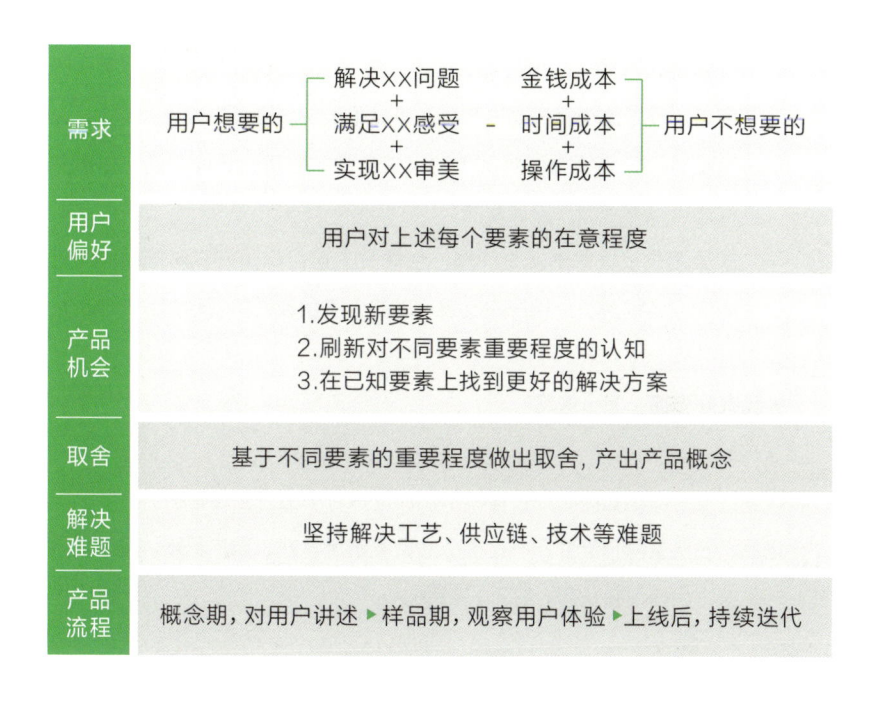

需求	用户想要的 ┌ 解决XX问题 ┐ ─ ┌ 金钱成本 ┐ 用户不想要的
	+ 满足XX感受 　　　　　+ 时间成本
	+ 实现XX审美 　　　　　操作成本
用户偏好	用户对上述每个要素的在意程度
产品机会	1. 发现新要素 2. 刷新对不同要素重要程度的认知 3. 在已知要素上找到更好的解决方案
取舍	基于不同要素的重要程度做出取舍,产出产品概念
解决难题	坚持解决工艺、供应链、技术等难题
产品流程	概念期,对用户讲述 ▶ 样品期,观察用户体验 ▶ 上线后,持续迭代

8. 怎么改善差评?

羊织道说:"如果大量用户说你有问题,你就是真的有问题。"

在爱做功课、乐于分享和表达的用户面前,问题是藏不住的,如果你尝试控制舆论,联系用户要求删帖,一旦用户将沟通情况曝光,就会引起更大的负面影响;哪怕用正面舆论去压制,也挡不住用户们继续反馈问题。

对于差评,我们建议可以做以下四个动作:

（1）将产品的优势对用户传递清楚，避免因为用户对优势认知不清晰导致差评过多。
（2）识别产生差评的，是不是目标人群——每个产品，都难免会有一些非目标人群购买，非目标人群产生的差评，很多时候是不必解决的问题。针对这个差评改进产品，可能导致做出错误的取舍。
（3）有些差评，是因为误解产生的。做到及时回应、正面沟通，很多时候是可以得到用户的谅解的。
（4）如果用户反馈的确实是问题，也确实来自目标用户，对集中的问题老老实实地解决。用户的反馈可以成为产品改进的驱动力。

9. 我有好多品，怎么选品？

很多企业有多个品同时在销售，不知道选择哪个品开始做营销。

选品，主要看两个维度：一是这个品是不是足够好，用户买账，可以被激发；二是这个品有没有优势，打不打得赢。

可以参考下面几点做出选择：
（1）看销量，在同样的资源下，销量更大的，是用户更可能会喜欢、自发传播的。
（2）看用户在购买后的分享中有没有被激发，是被产品的哪一点激发。这个点常常是最容易打动用户，也最容易传递给用户的买点。能找到激发用户的强力买点的产品，也会是更可能打爆的产品。
（3）看用户评价中，有没有严重的问题。所有的产品问题都可能会被营销放大。
（4）看市场需求大小，市场越大，收益可能越大。

（5）看竞争对手多不多、竞争是不是已经过于激烈。竞争越少，我们会越有机会。

营销

10. 怎么打爆一个产品？

简单来说，三件事：

第一，选择对的人群、对的产品、对的买点。

选得对，产品足够好，是打爆的前提。人、产品、买点，这三个要素，决定了产品有没有打爆的基础。

通常在选择产品的买点时，要针对用户需要且会有感知的那个新体验。

发现买点有两种常见的方式：

一种是在用户的分享和购后评价中，识别出哪些是符合上述标准的点。

另一种是列出用户们会搜索、会成为选择理由的全部因素，找出产品在其中哪个点有强体验优势。

买点的传达效率，对引爆产品也很重要。

最好的买点表达，要么在用户嘴里，诞生自用户的语言；要么在销冠嘴里，诞生自优秀销售找到的打动用户的经验。

观察用户的表达，比如在小红书上更多用户点赞、互动的购后分享或评论；搜集销冠的销售话术，会帮助你找到线索。

第二，完整覆盖用户的决策路径。

先要理解用户的决策路径。

对于轻决策产品，买点能够传递给用户、用户能有渠道买得到，通常就足以实现不错的销量数据。此时，重点在于传达买点的内容能在用户关注的媒介出现。可能是被用户身边的用户触达；可能是用户在学习自己渴望的生活方式时，被关注的博主种草；也可能是用户在搜索时，看到的搜索内容。

对于重决策产品，因为用户在做出购买选择前，还会搜索大量的内容，针对这些用户的顾虑充分地覆盖内容、做出回应，帮助用户打消顾虑，也是重要的工作。否则，有可能用户燃起了购买欲，但在比较的过程中转向了其他产品。

第三，不断提高每个营销动作的效率和人群覆盖度。

激发用户购买欲、覆盖用户决策路径的动作，每个环节都有很大的优化空间。

需要重复这几个动作：选择更有性价比的媒介、找到更好的表达方式、发现有待覆盖的新环节、改进产品改善评价等。

11. 怎么选择先做哪个人群？

一个在小红书做行业策略的同学总结得很好："选择那些能影响其他人的人，而不是被别人影响的人。"

几个因素决定了不同人群在营销时的性价比：
第一，这个人群转化的成本和难度。
有些人群，已经强烈地意识到了需求，并且会为了需求不断寻找解决方案。只要你的产品的确提供了一个更好的解决方案，让产品出现在他们面前，就可能将其转化。

从这个人群做起,性价比会高。

第二,这个人群是影响力的上游,还是影响力的下游。

决定了服务好这个人群,他们的评价、分享等是否会影响到其他人群,使得扩展人群时效率越来越高。

比如,很多运动产品,是针对专业运动员的需求做的。对于运动爱好者们,很多专业运动员需要的、有感知的功能,运动爱好者们未必需要,他们也未必能在实际使用中感受到。但是,他们会信任运动员的选择,跟随运动员购买。先服务好运动员,会更容易赢得运动爱好者的选择。

人群中总有一些人在研究产品、尝试新产品时,投入了更多的精力。这些人是人群中的"专家"。当其他用户在寻找解决方案时,会更多参考他们的选择,并向他们寻求建议。先服务好"专家",会帮你更容易赢得其他人群的选择。

我们把这样的人叫作"超级用户"或者"早鸟用户",他们是推广时性价比最高的起点。

在营销时,我们的产品自然会从第一个人群辐射向其他人群。需要再针对新的人群,重新调整买点、沟通媒介等,有时产品上也需要做出调整。这样,产品的市场会自然从一个人群,渐渐扩散到越来越多的人群。

12. 怎么做出好内容?

就如方仔照相馆的经验:好内容,是激发出来的。这也是我们访谈的很多企业的共识。

当我们的产品找到了真正需要的用户且用户被产品的体验激发后,在有感而发的分享中，常常会诞生最能打动其他用户的内容。可能包括下面几类：

- 对买点，更动人的表达。放大这样的表达，可以更容易激发用户的购买欲。
- 对顾虑，更有效的解释。放大这样的表达，可以提高打消用户顾虑的效率。
- 对产品，更好的使用攻略和使用建议。放大这样的内容，可以帮助用户更好地使用产品，实现好体验。

在实际操作中，主要就是借助我们捕捉、理解、放大、激发的工作方式。你可以按照这样的步骤行动：

第一，推广产品时，找准目标用户。

第二，关注那些用户在小红书等社交媒体上的分享或者用户在访谈中的感想。

第三，将其中得到用户更多互动的、更能激发其他人的表达，识别出来。

第四，将这些表达融入自己的内容中或者对内容投流，放大这些表达的影响力，辐射到更大的范围。

而后，你会有机会激发出更好的表达。

在给博主下发 Brief 时，特别要注意一个矛盾：

发给博主的 Brief 越细致，博主内容效果会越稳定，但是同时，对博主的约束也会越强，越难以激发出更好的内容。

通常，头部博主的内容能力会强于企业，但是博主不会像品牌方那么了解自己的产品。品牌方在与博主合作时，一般会遵循这样的规律：

第一，品牌方不断找到对产品买点的更好的传递方式，更有助于激发博主，让博主快速理解产品。

第二，在与博主合作做内容时，越是在产品的早期，越是要以激发为主，减少约束。

第三，当发现更多好内容的规律时，企业的内容能力也会提升，再逐渐增加对博主的要求。同时，对博主的创作最好保持更开放的态度，允许博主自由发挥，这常常会给你惊喜。

13. 怎么选择媒介和博主？

媒介和博主的选择，要围绕用户的决策路径进行。

好的媒介和博主，是那些能够帮助你在用户决策路径中的某个环节施加有效影响的人。并不是"我们做什么行业，就要选择什么行业的博主"，也不是"谁有流量，我们就选择谁"。

在用户的决策路径中，我们主要关注两个相关环节：

第一个环节，需求的起点。

服装、彩妆这样的行业，用户在很多时候并不是遇到问题后去搜寻解决方案，需求的起点通常就是激发需求。这个时候，两种博主可以帮助你更有效地激发需求：

- 用户向往的生活的代表者。符合产品的生活方式的博主，常常也是产品的目标用户，其他用户会跟随他的选择。而且当他的生活方式与产品匹配时，他的粉丝也大概率是我们的目标人群。
- 目标用户会关注的其他博主。可以基于目标人群的关注、兴趣等找到。

保健品、母婴用品等行业，一般情况下是用户遇到了问题寻找解决方案，需求的起点是搜索。那么，在相关搜索词下会出现的且更权威的博主，常常是更好的博主，比如：行业博主、超级用户。

第二个环节，是用户打消顾虑的过程。

这个时候，用户"是否会信任"就是选择博主的核心标准。

同样可以寻找相关搜索词下会出现的且更权威的博主，比如：超级用户、相关专家、行业博主。

在博主选择上，不少品牌会保持始终有一定比例的尝试性质的博主合作，去测试新选择的效果。

14. 我的产品适不适合小红书？

当你的目标用户的决策会发生在小红书上时，小红书就是应该做的媒介。

通常与两个因素相关：

（1）目标用户在小红书上。

（2）行业越是重决策，小红书的价值越是不可替代。

两个因素只要符合其一，通常就建议做小红书。

我们曾经比较过不同行业种草的效率优势，可以看到这两个因素与种草效率优势的相关关系。

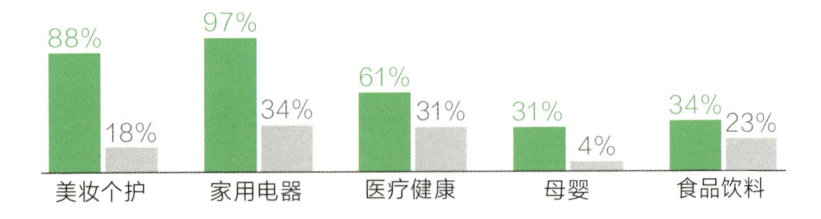

行业	小红书商业产品消耗 Top1000 SPU GMV 增速	行业大盘 GMV 增速
美妆个护	88%	18%
家用电器	97%	34%
医疗健康	61%	31%
母婴	31%	4%
食品饮料	34%	23%

- 小红书商业产品消耗 Top1000 SPU GMV 增速
- 行业大盘 GMV 增速（来自三方电商平台后链路数据）

当你决定开始做小红书时，需要注意这几件事：

（1）预期上，尊重用户决策周期更长、需要更长时间储备内容的规律，不能太急着要销量。

（2）产品要足够好，不好的产品，营销后反而会带来负面舆情的反噬。

（3）决策者要走到现场，接触用户、接触博主，最好自己也能花一定时间刷小红书，才能理解小红书。

（4）选择使用小红书的、理解小红书的操盘手。

一个很多品牌会踩的坑，就是让主要做其他媒介的团队兼做小红书，小红书的逻辑与其他媒介有显著不同，当团队按照惯性行动时常常会掉到坑里。比如，在很多媒介，"唤起焦虑"是常见的提升营销效果的做法，但是，在小红书上做"唤起焦虑"的营销，用户们会识破，并可能引发负面舆情。

（5）理解用户的决策过程，才能知道如何度量效果和找到阻碍效果实现的关键问题。

15. 营销 ROI 不高怎么办？

从实现销售目标上来说，营销是帮助尽可能多的目标用户在决策过程中找到最适合自己的解决方案的过程。因此，当我们发现营销 ROI 不高时，通常会是这么几个问题：

（1）产品不够好，导致营销效率不够高。

有些时候是用户在意的问题没有解决好，导致产品有缺陷。而且，用户是在不断学习的，有可能半年前用户不在意的因素，在此刻变成了在意的因素。

有可能是你的产品解决了问题，但是并没有让用户知道。虽然如果有足够多的时间，产品的优缺点都会有用户发现，但这既需要足够多的用户，又需要足够长的时间。

所以，在产品推广期，将信息传递给用户，帮助用户更好地意识到，会大大帮你加速推广过程。

(2) 用户、需求、体验、产品、媒介、内容，匹配度不够高。

可能是没有把产品推给对的人，可能是买点传递不够打动用户，可能是媒介选择没能触及用户，等等。

(3) 可能是用户决策过程中，有一些环节没有被我们的内容覆盖。

比如，某家装品牌曾经遇到的问题就是用户除了对设计能力和施工能力有要求，在选择家装服务时，对质量、售后、甲醛残留等问题也很在意，而品牌历史上并没有内容回应这几个问题。用户找不到答案，顾虑难以消除，转化率就很低。后来，他们把所有用户会问客服的高频问题，用内容集中覆盖了一下，转化率取得了显著提升。

(4) 有可能是决策过程中的某些环节，影响用户的效率不够高。

比如，没有选对媒介，没有找对内容，等等。

当我们希望提高营销 ROI 时，总是有几个工作可做：

改进产品、提高上面几个要素的匹配程度、提高对用户决策过程的环节的覆盖度、提高覆盖的效率，这些是几乎永恒有效的四个方向。

我们走访的企业，总是能在这几点上不断找到新的优化空间，实现对营销效率的再次提升。

美妆品牌 RED CHAMBER 朱栈，从 2020 年成立起，就已经决定做"纯净美妆"（Clean Beauty），成为"纯净美妆"的心智占领者，同时，也决定了产品要先从"多用膏"做起。

为什么要做多用膏呢？

RC从对用户的观察中意识到，有很多生活繁忙的女生，既想自己能美美地带妆出门，又希望能节省化妆的时间和操作步骤，让自己有更多的时间睡懒觉。在她们向往的生活中，化妆这件事需要"减负"。

让用户可以更少顾虑、放心使用的"纯净美妆"，眼、腮、唇、修容都能用的多用膏，一款产品替代很多专门的产品，不只节省了挑选不同产品的时间，还减少了需要携带的化妆品数量和化妆的步骤，是为化妆的过程减负。品牌在意产品的纯净性，坚决不添加有风险、有争议的成分，重视配方的合理性，兼顾安全健康与妆效，是为用户的肌肤减负。

不过，在确定了人群、买点和产品后，RC的多用膏在2021年推向市场后，很长时间都反响平平，直到2023年才突然爆火，实现了单品过亿的销售额。

让多用膏销量提升的，是两个问题的解决：

第一个问题是博主选择的问题。

在刚开始营销多用膏时，RC主要是模仿他们看到的同行做法——当时行业很多品牌都在找粉丝量大、数据好的美妆行业博主合作。可是这些博主的粉丝并不一定是多用膏的用户，需要为化妆"减负"的用户也未必会被艳丽、繁复的妆容打动。

与用户不适配的头部博主们，实际带货效果并不好。

后来，RC才渐渐意识到，最适合自己的未必是美妆行业博主，而是那些能影响目标用户的人——可能是职场博主，可能是穿搭博主，或者会分享"早八妆容"的美妆博主。

第二个问题则是内容问题。

为化妆"减负"视觉化传递并不那么容易。

美妆博主Goss大叔，有一次介绍多用膏时，提出了"全脸涂"的用法。把面部分成几个区域，多用膏一次涂到位，大大简化了用户化妆的操作过程。

一位只有 2000 多粉丝的小红书用户，则将"全脸涂"的动作在图片中直观地呈现了出来：她的一条笔记，笑脸正对镜头，脸上很多地方点着多用膏，展示着"全脸涂"的过程，笔记上写着"裸门永存"。这条只有两张图片、两行字的笔记，在小红书上得到了 3 万多点赞。

对于喜欢裸色妆容的用户，全脸涂看起来远比常规的化妆方式轻松。

这些内容被 RC 捕捉到后，在营销上快速放大了影响。RC 在大量的内容中，重复着"裸门永存"和用同样方式展示的"全脸涂"过程。

找到对的媒介与能打动用户的内容，人群、需求、体验、产品、媒介、内容几个要素之间匹配问题的解决，才实现了多用膏的引爆。RC 的多用膏以高于行业平均水平的营销 ROI，实现了过亿的年销售额。

管理

16. 怎么招到能做好内容的人？

内容能力主要关联三个能力：
第一，对用户的理解，能识别出什么是更可能打动用户的内容。
第二，对平台的理解，能识别出什么是友好于平台规则的内容。
第三，对内容的理解，能创造出更好的内容。

因为内容最主要的作用是与用户沟通，所以，对用户的理解是最不可替代的能力。

你可优先招募做内容的人中的目标用户。也可以选择既是目标用户又是平台用户的人，哪怕没有内容经验，因为用户会贡献大量的表达，他也可能从中找出好内容。

很多企业掉过的坑是，招募了有内容经验的人，但是他不能理解目标用户，也不能理解自己要做内容覆盖的平台，反而会不断掉到经验的坑里。

17. 管团队时管什么？

主要需要做的是这么几件事：

- 通过流程控制风险。
- 把握关键决策。
- 剩下的交给团队尝试，通过数据度量效果。

我们接触的表现出色的管理者，通常会用这么几种方式管理种草：

（1）做产品。

要么自己直接决策、亲自操作所有环节，直接让自己成为产品的最高决策者。

要么建立流程：在产品概念阶段，通过对用户描述产品概念，观察用户是否被激发，以验证产品方向；评估市场规模、可行性、竞争情况；在产品设计、样品产出这两个阶段，继续找用户验证，观察用户使用时的反应，收集用户反馈。

（2）做营销。

营销的工作远比产品工作更分散，管理者通常难以事无巨细地亲自参与和决策。

我们通常见到的是：管理者会参与制定营销策略，营销执行的具体工作则是交给团队完成，用数据监控效果。

营销策略主要由三个要素构成：选品、人群、买点。

只要"选对品、找对人、说对话"，营销效果不会太差。

（3）所有成功的管理者，都会建立度量营销工作效果、度量用户价值的管理报表，用报表管理团队的动作效果。

具体设计报表的方式，参考本书第三章。

18. 我的产品已经有销量基础了，种草带来的增量怎么归因？

常见的会有这么几种做法，可以帮助你度量种草的效果：

（1）观察营销动作与销量的同步变化。

比如，很多企业会观察在小红书投放的预算 / 内容量 / 互动量 / 搜索量变化，与淘宝销量变化的相关性。观察一段时间后，常常可以看到效果。

（2）观察有种草动作 VS 没有种草动作，产品在同样阶段的数据差异。

是否因为种草，新品起步更快、销量上升曲线更陡峭等。

（3）通过数据打通（如打通小红书数据的方式，可以通过小红星、回传一方数据等），直接识别出哪些用户是因为种草完成了转化。

（4）有的品牌会单独为种草设立一个新产品。

比如乐事红薯片，最初主要是在小红书上引爆，再铺开到其他渠道。

在种草独占时期，就完成了对营销效果的测算和度量。

（5）有的品牌会用不同的品名、不同的口令等方式，观察用户特定的搜索、询问、购买行为，也能识别出是否是种草带来的转化。

（6）服务业企业可以通过服务人员询问每个用户的来源、决策过程，完成对用户来源的更精准统计，区分不同营销方式和不同渠道的价值。

我们曾经遇到的一家新餐馆，老板就会在就餐时间与每桌客人聊几句，主要询问的是两个问题：

一是从哪里得知的他的餐馆。

二是对每道菜的意见，好不好吃、能不能吃出与同类菜品的差异等。

当能了解每个用户的来源时，种草的性价比，自然也就不难计算出来了。

写在最后

感谢种草路上的同行者

之恒

《种草》发起人 | 小红书 CMO

一个"深 i"的人要写大段的文字，是比较怵的，但想到在这几年种草业务发展过程中，得到太多的助力，有深深的感谢要一一表达。

首先要感谢的是在小红书上积极分享和互动的创作者和普通用户，你们真诚地分享和互动，互相帮助、互相激发，每天都有让生活更好一点点的新灵感，给了小红书平台机会去深度理解用户所感兴趣和向往的生活，从而去寻找和匹配适合的产品来满足用户的向往。也感谢在推进商业化业务过程中，不断给我们负反馈的用户，你们明确地、及时地让我们知道哪些是用户不喜欢的营销方式和内容，让我们从中找到规律、找到根因，不断优化和前行。

感谢社区建设者和守护者，你们视人为人，以用户为本，至今保持"推荐流""搜索流"双列，没有追求平台最高内容分发和消费效率，给到用户自主选择所看内容的机会，避免用户被动陷入信息茧房；同时把对审美、对价值感的追求融入算法，让用户形成了小红书"有用""审美好"的强心智；坚持 UGC 分发占比，让普通人有被看见的机会，非常难得地在弱关系之间因小众同好而产生联结和信任，海内存知己。在小红书里，我们看到有用户记录下最近看到的生活灵感，每周末打卡一个新体验，养成"周末爱好"；有人发笔记提问"想看一下极繁主义的家"，收获了 1.4 万条评论，同样喜欢极繁风格的用户纷纷在评论区晒图分享自家的极繁主义角落；有同样喜欢养龟背竹的用户在小红书认出了彼此，成立了"龟蜜群"，热火朝天地讨论着龟背竹的养护心得；你们所爱护的社区是宝藏社区，是好产品好种子生长最优秀的土壤。

感谢负责内容理解的技术同事们和数据产品灵犀的产研团队，你们从海量内容和互动里去提炼 SPU（标准化产品单元）信息，开发出灵犀洞察产品，帮助平台所服务的企业去设计生产和挑选合适的产品来适配用户需求，这是前人所未曾走过的路，过程中的艰辛和孤独，是不为外人道的。洞察是种草的开门钥匙，洞察力让内容和人群定向更准确，跟对的人说对的话，使低门槛高成功概率的种草成为可能。其中有太多因为洞察和精准定向打开新产品机会的案例了，比如让我印象深刻的有，我们为一款能让胖宝宝不淹脖子的爽身产品，在站内找到了五百万胖宝宝家长，好产品和特定人群需求的精准匹配，既帮助宝爸宝妈解决了难题，也让产品销量数十倍地增长。

感谢过往一路陪同走来的客户们，你们的好产品是好种子，你们的信任和开放打开了让好种子在好土壤里生长的空间。要特别感谢两个品牌：Bobbi Brown 和五菱，几年前种草尚未正式开始的时代，曾给过我强启发的是 Bobbi Brown 橘子面霜和五菱宏光 miniEV，这两款产品借助小红书的原始洞察能力种对了草——Bobbi Brown 主打服帖不卡粉的橘子面霜，抓住了正在飞速增长的底妆卡粉不服帖的用户需求，从销量"小透明"一跃成为企业业务支柱型的产品；五菱宏光 miniEV 深度理解了女性用户希望汽车不只是交通工具，也能成为表达自己审美和个性的时尚单品的需求，找对了解决方案，创造了销量奇迹。最初的点点星光和一路走来越来越多的客户成功，激励了我们，面对未知、面对自身知识经验能力局限、面对各种阻力，仍旧可以精气神满满地走下去，并坚信可以与越来越多的企业一起走得更远。

感谢用心用力帮助好产品长出来的代理商服务商伙伴，在一个跑流水赚快钱的时代，你们乐意沉下心来钻研营销的最新范式，创造出百花齐放的优秀企业案例，助力一个个企业成功，在小红书内部 redcase 和年度种草大赏的评审中，给内外部评审们和内部小伙伴们 blingbling（闪闪发亮）的启发。与众人行方能致远，感恩伙伴。

感谢在客户服务一线的伙伴们，谢谢你们在实践中不断地创造，看到你们的成长，和客户的成功同样让人开心，你们也是《种草》的共同创作者。

感谢中后台所有伙伴们的支持和共创。

感谢公司战略老师们的指导和陪伴，感谢行业中老师们的指导和支持。

我们负责当好一颗种子，相信好种子都会长大，种草才刚刚发芽。

2024 年 10 月

[全书完]

种草

作者 _ 小红书营销实验室 于冬琪

编辑 _ 邵蕊蕊 赵凌云　　装帧设计 _ 孙莹　　主管 _ 邵蕊蕊
技术编辑 _ 陈杰　　责任印制 _ 梁拥军　　出品人 _ 李静

营销团队 _ 闫冠宇 杨喆 才丽瀚　　物料设计 _ 孙莹

项目团队

发起人 _ 之恒

执行团队 _ 圣香 火娃 卢笛 司维 于冬琪 武頔 陶程 彭娅芬

设计支持 _ REDesign 博伦

鸣谢（排名不分先后）

曹虎 香帅 周宏骐 何煦 胡秀娟 王宇昕

感谢为本书提供案例素材的品牌和企业
感谢为本书提供项目支持的小红书人
感谢为本书提供种草实践的小红书服务商
感谢为本书提供原生内容的小红书用户、博主

果麦
www.goldmye.com

以 微 小 的 力 量 推 动 文 明

图书在版编目（CIP）数据

种草 / 小红书营销实验室，于冬琪著. -- 杭州：浙江文艺出版社，2024. 12（2025.8重印）. -- ISBN 978-7-5339-7730-6

I. F713.365.2

中国国家版本馆CIP数据核字第2024QG2718号

种草
小红书营销实验室　于冬琪　著

责任编辑　罗　艺
特约编辑　邵蕊蕊　赵凌云
装帧设计　孙　莹

出版发行　浙江文艺出版社
地　　址　杭州市环城北路177号　邮编 310003
经　　销　浙江省新华书店集团有限公司
　　　　　果麦文化传媒股份有限公司
印　　刷　河北鹏润印刷有限公司
开　　本　880毫米×1230毫米　1/32
字　　数　267千字
印　　张　9.5
印　　数　75,001—80,000
版　　次　2024年12月第1版
印　　次　2025年8月第9次印刷
书　　号　ISBN 978-7-5339-7730-6
定　　价　68.00元

版权所有　侵权必究
如发现印装质量问题，影响阅读，请联系021-64386496调换。